PORTOBELLO SEENE ARMASTUSEKS

Gurmeesseiklused seente kuningaga

Malle Raudsepp

Autoriõigus materjal ©2024

Kõik õigused kaitstud

Ühtegi selle raamatu osa ei tohi mingil kujul ega vahenditega kasutada ega edastada ilma kirjastaja ja autoriõiguse omaniku nõuetekohase kirjaliku nõusolekuta, välja arvatud ülevaates kasutatud lühikesed tsitaadid. Seda raamatut ei tohiks pidada meditsiiniliste, juriidiliste või muude professionaalsete nõuannete asendajaks.

SISUKORD _

SISUKORD _ 3
SISSEJUHATUS 7
HOMMIKUSÖÖK 8
   1. Portobello seenemunatopsid 9
   2. Paisutatud seente omlett 11
   3. M seened Kikerherneskrepp s 13
   4. Juustune Pesto Omlett 15
   5. Spinati ja fetaga täidetud portobello seened 17
   6. Portobello seenevõileib 19
   7. Juustupeekoni ja omletiga täidetud portobellod 21
   8. Hommikusöök Portobellos Shiitakesiga 23
   9. Vorsti ja spinatiga täidetud Portobello seened 25
   10. Tomati ja basiiliku hommikusöögiks Portobello Caps 27
   11. Avokaado ja suitsulõhe Portobello Benedict 29
   12. Seente ja spinati hommikusöögi quesadillad 31

STARTERID 33
   13. Krõbedaks küpsetatud Portobello seenefriikartulid 34
   14. Seene-, kartuli-, kõrvitsa- ja chakalaka 36
   15. Fetatäidisega Portobello seened 39
   16. Roheliste ubade pajaroog täidisega seened 41
   17. Krevettide ja kitsejuustu täidisega seened 43
   18. Täidetud seened ulukilihaga 45
   19. Spirulina ja seente arancini 48
   20. Portobello seenepeekon 51
   21. Squash ja Portobello Bruschetta 53
   22. Spirulina ja seente kroketid 56

PÕHIROOG 59
   23. Portobello lihaleib magusa palsamikastmega 60
   24. Portobello lambakoera pirukad 63
   25. Grillitud Portobello pihvid 66

26. Kana Madeira Portobelloga 68
27. Õhus praetud veganseene praed 71
28. Baklažaan ja Portobello lasanje 73
29. Küpsetatud Portobellos Rom esco 76
30. Seene-spinati pasta 78
31. Kana Marsala Lasanje 80
32. Metsseene lihapallid 83
33. Artišokk ja Portobello risotto 85
34. Portobello seene Enchiladas 87
35. Manna Gnocchi Portobello seentega 89
36. Tacos Microgreensi ja kitsejuustuga 91
37. Sellerijuurravioolid selleri/seene täidisega 93
38. Kastani ja maguskartuli gnocchi 96
39. Päikesekuivatatud tomat ja feta portobellos 99
40. Seenetacod Chipotle'i kreemiga 101
41. Tomato Risotto & Portobello seen 103
42. Seene guljašš 106
43. Kondiitritoodetesse pakitud portobellod 108
44. Kartuli ja artišoki – täidisega portobello seened 110
45. Sealihavorstid seentega 113
46. KõrvitsFarro Pilaf Portobellosega 115
47. Grillivorst ja Portobello 117
48. Portobello Firenze 119
49. Goji marjade ja spinati täidisega seened 121
50. Portobellod, krevetid ja farro kausid 123
51. Seene veiseliha karbonaad 125
52. Northwoodsi veiselihahautis 128
53. Draakoni puuvilitäidisega Portobello seened 130
54. Seenejuust-Steikid 132
55. Grillitud seened apteegitilli ja sibularõngastega 134
56. Tomato Risotto Ja Seened 137
57. Uus-Meremaa liha- ja seenepirukas 140
58. Seenekaste munanuudlite peal 143
59. Vürtsikad suitsutatud tofu salatitopsid 145

PIZZA 147

60. Grillitud Pizza Valge Portobellos 148

61. Mini Portobello pitsad 151
62. Portobello ja musta oliivi pitsa 153
63. Portobello pizza 155
64. Klassikaline Margherita Portobello pizza 157
65. Grill-kana Portobello pizza 159
66. Taimetoitlane Pesto Portobello Pizza 161
67. Lihasõprade Portobello pizza 163

VÕILEIVAD, BURGERID JA WRAPSID 165

68. Seenesteak võileib ja pesto 166
69. Portobello seeneburger 168
70. Metsiku seente burger 170
71. Marineeritud seente ja Haloumi burgerid 172
72. Seenepesto burger 174
73. Haloumi Hash Burgerid lehtkapsa Aioliga 176
74. Portobello itaalia subvõileib 178
75. BBQ Bunless Veggie Burger 180
76. Chipotle Cheddar Quesadilla 183
77. Bulgur-läätsede juurviljapatty 185
78. Taimetoitlaste seenepakendid Pestoga 187
79. Seitan Burritos 189
80. Rõõmsad Portobello burgerid 191
81. Portobello Po'Poisid 193

SUPID 195

82. Portobello seenesupp 196
83. Kana ja seenesupp metsiku riisiga 198
84. Kreem või Portobello supp _ 200
85. Röstitud küüslaugu ja portobello seenesupp 202
86. Ürdilisandiga Portobello seenesupp 204
87. Karrieeritud Portobello seenesupp 206
88. Metsiku riisi ja Portobello seenesupp 208
89. Lihtne Portobell või supp 210
90. Läätse ja Portobello supp 212
91. Küüslaugu ja parmesani portobello supp 214
92. Portobello seenetortillasupp 216

SALATID 218

93. Grillitud Portobello seenesalat 219
94. Portobello ja Quinoa salat 221
95. Spinati ja Portobello seenesalat 223
96. Caprese Portobello seenesalat 225
97. Vahemere Portobello seenesalat 227
98. Aasia portobello seente nuudlisalat 229
99. Soe portobello ja kitsejuustu salat 231
100. Edela Quinoa ja Portobello salat 233

KOKKUVÕTE 235

SISSEJUHATUS

Tere tulemast saatesse "Portobello seene armastuse eest", mis on teie pass gurmeesseiklusteks koos seente kuningaga. See kokaraamat tähistab maalähedast, lihavat ja mitmekülgset Portobello seeni, juhatades teid kulinaarsele teekonnale, mis uurib selle rikkalike maitsete ja tekstuuride sügavusi. Liituge meiega, kui asume gurmeesseiklusele, mis tõstab tagasihoidliku Portobello uutesse kõrgustesse.

Kujutage ette lauda, mida ehivad soolased Portobello praed, mõnusad täidisega mütsid ja loomingulised seentest inspireeritud road – kõik on inspireeritud seentekuninga jõulisest ja südamlikust olemusest. "Portobello seene armastuse eest" ei ole ainult retseptide kogum; see on ood selle armastatud seente mitmekülgsusele, sügavusele ja kulinaarsele potentsiaalile. Ükskõik, kas olete pühendunud seenehuviline või lihtsalt uudishimulik oma kulinaarse silmaringi laiendamise vastu, need retseptid on loodud selleks, et inspireerida teid Portobello seentega gurmeehõrgutisi looma.

Alates klassikalistest grillitud Portobello praadidest kuni uuenduslike eelroogade ja rikkalike pearoogadeni – iga retsept tähistab Portobellode poolt lauale toodud rikkalikku umamit ja lihalikku tekstuuri. Olenemata sellest, kas korraldate taimset pidusööki või soovite oma einetele lisada soolaseid vigu, on see kokaraamat teie jaoks parim allikas seente kuninga gurmee poole avastamiseks.

Liituge meiega, kui läbime Portobello seene kulinaarseid maastikke, kus iga looming annab tunnistust selle seenekuningriigi jõulisest ja mitmekülgsest olemusest. Niisiis, pange põll selga, võtke omaks maalähedased maitsed ja asume mõnusale teekonnale läbi "Portobello seene armastuse eest".

HOMMIKUSÖÖK

1. Portobello seenemunatopsid

KOOSTISOSAD:
- 4 suurt portobello seeni
- 4 muna
- 1 tass spinatit, tükeldatud
- 1/2 tassi kirsstomateid, tükeldatud
- Sool ja pipar maitse järgi
- Oliiviõli niristamiseks

JUHISED:
a) Kuumuta ahi temperatuurini 375 °F (190 °C).
b) Eemaldage portobello seentelt varred ja asetage need ahjuplaadile.
c) Murra iga seenekübara sisse üks muna.
d) Puista iga muna peale tükeldatud spinat ja kuubikuteks lõigatud tomatid.
e) Maitsesta soola ja pipraga maitse järgi.
f) Nirista peale oliiviõli.
g) Küpsetage eelkuumutatud ahjus 15-20 minutit või kuni munad on teie maitse järgi küpsed.

2.Paisutatud seente omlett

KOOSTISOSAD:
- 20 g võid
- 1 supilusikatäit oliiviõli
- 2 suurt portobello seent, peeneks viilutatud
- 1 banaan šalottsibul, õhukeselt viilutatud
- 3 muna
- 100 ml naturaalset jogurtit
- 1 supilusikatäis basiilikut, hakitud
- 1 supilusikatäis peterselli, hakitud
- ½ supilusikatäit murulauku, hakitud

JUHISED:
a) Kuumuta või ja õli suurel, kaanega kaetud pannil. Prae seeni, mitte liiga sageli segades, nii et need omandavad värvi.
b) Lisa šalottsibul ja küpseta pehmeks. Alandage kuumust võimalikult väiksele leegile.
c) Sega munad ja jogurt omavahel ning maitsesta näpuotsatäie meresoola ja pipraga. Vahusta elektrivispliga (või tugevalt käsitsi) tugevaks vahuks.
d) Kalla segu pannile, lisa ürdid ja kata.
e) Küpseta, kuni see on paisunud ja täielikult hangunud.

3.M seened Kikerherneskrepp s

KOOSTISOSAD:
KRÊPES:
- 140 g kikerhernejahu
- 30 g maapähklijahu
- 5 g toitainepärmi
- 5 g karripulbrit
- 350 ml vett
- Sool, maitse järgi

TÄITMINE:
- 10 ml oliiviõli
- 4 portobello seenekübarat, õhukeselt viilutatud
- 1 sibul, õhukeselt viilutatud
- 30 g beebispinatit
- Sool ja pipar, maitse järgi
- Vegan majoneesi

JUHISED:
VALMISTA KREPE
a) Kombineerige segistis kikerhernejahu, maapähklijahu, toitev pärm, karripulber, vesi ja sool.
b) Kuumuta suur mittenakkuva pann keskmisel-kõrgel kuumusel. Piserdage pannile veidi toiduõli.
c) Valage ¼ tassi tainast pannile ja jaotage taigen pöördliigutusega üle kogu pannipõhja.
d) Küpseta kreppi 1 minut mõlemalt poolt. Libistage krepp taldrikule ja hoidke soojas.

TEE TÄIDIST
e) Kuumuta oliiviõli pannil keskmisel-kõrgel kuumusel.
f) Lisa seened ja sibul ning küpseta 6-8 minutit.
g) Lisa spinat ja sega 1 minut, kuni see närbub.
h) Maitsesta soola ja pipraga ning tõsta suurde kaussi.
i) Voldi sisse ettevalmistatud veganmajonees.

4.Juustune Pesto Omlett

KOOSTISOSAD:
- 1 tl oliiviõli
- 1 Portobello seenekübar, viilutatud
- 1/4 tassi hakitud punast sibulat
- 4 munavalget
- 1 tl vett
- soola ja jahvatatud musta pipart maitse järgi
- 1/4 tassi hakitud madala rasvasisaldusega mozzarella juustu
- 1 tl valmistatud pestot

JUHISED:

a) Kuumuta pannil keskmisel kuumusel õli ning küpseta sibulat ja seeni umbes 3-5 minutit.

b) Lisa väikesesse kaussi vesi, munavalged, sool ja must pipar ning klopi korralikult läbi.

c) Lisa pannile munavalgesegu ja küpseta sageli segades umbes 5 minutit või kuni munavalge hakkab tahkuma.

d) Aseta juust omleti peale, seejärel pesto ja keera omlett ettevaatlikult kokku ja küpseta umbes 2-3 minutit või kuni juust on sulanud.

5.Spinati ja fetaga täidetud portobello seened

KOOSTISOSAD:
- 4 suurt portobello seeni
- 1 tass spinatit, tükeldatud
- 1/2 tassi fetajuustu, purustatud
- 1 küüslauguküüs, hakitud
- 2 spl oliiviõli
- Sool ja pipar maitse järgi

JUHISED:
a) Kuumuta ahi temperatuurini 375 °F (190 °C).
b) Eemaldage portobello seentelt varred ja asetage need ahjuplaadile.
c) Prae pannil oliiviõlis hakitud spinat ja hakitud küüslauk närbumiseni.
d) Täida iga seenekübar spinatiseguga.
e) Kõige peale puista murendatud fetajuust.
f) Maitsesta soola ja pipraga maitse järgi.
g) Küpseta eelkuumutatud ahjus 15-20 minutit või kuni seened on pehmed.

6. Portobello seenevõileib

KOOSTISOSAD:
- 4 suurt portobello seeni
- 4 muna
- 4 inglise muffinit, röstitud
- 1 avokaado, viilutatud
- 1 tass rukolat
- Sool ja pipar maitse järgi

JUHISED:
a) Kuumuta ahi temperatuurini 375 °F (190 °C).
b) Eemaldage portobello seentelt varred ja asetage need ahjuplaadile.
c) Murra iga seenekübara sisse üks muna.
d) Maitsesta soola ja pipraga maitse järgi.
e) Küpsetage eelkuumutatud ahjus 15-20 minutit või kuni munad on teie maitse järgi küpsed.
f) Pane võileib kokku, asetades igale röstitud inglise muffinile seeni munaga.
g) Kõige peale tõsta avokaadoviilud ja rukola.

7.Juustupeekoni ja omletiga täidetud portobellod

KOOSTISOSAD:
- 4 suurt portobello seeni
- 4 muna, lahtiklopitud
- 1/2 tassi cheddari juustu, tükeldatud
- 4 viilu peekonit, keedetud ja murendatud
- 1/4 tassi rohelist sibulat, hakitud
- Sool ja pipar maitse järgi

JUHISED:
a) Kuumuta ahi temperatuurini 375 °F (190 °C).
b) Eemaldage portobello seentelt varred ja asetage need ahjuplaadile.
c) Sega kausis lahtiklopitud munad, riivitud Cheddari juust, murendatud peekon ja hakitud roheline sibul.
d) Tõsta lusikaga munasegu igasse seenekübara sisse.
e) Maitsesta soola ja pipraga maitse järgi.
f) Küpseta eelkuumutatud ahjus 15-20 minutit või kuni munad on hangunud ja seened pehmed.

8.Hommikusöök Portobellos Shiitakesiga

KOOSTISOSAD:
- 4 keskmist - kuni suured värsked portobello mütsid, läbimõõduga 4–6 tolli; puhastatud
- 3 supilusikatäit oliiviõli
- 4 untsi Shiitake seeni; varred eemaldatud ja mütsid viilutatud
- ½ väikest sibulat; peeneks kuubikuteks lõigatud
- 1 tass värskeid maisiterad
- ⅓ tassi röstitud seedermänni pähkleid
- ½ tassi praetud, purustatud peekonit
- soola
- 8 muna

JUHISED:

a) Kuumuta ahi 400 kraadini. Asetage portobello mütsid, lõpused ülespoole, suurde ahjuvormi ja küpsetage 5 minutit. Samal ajal kuumuta suurel pannil õli

b) Prae pannil kõrgel kuumusel. Lisa shiitakes, sibul ja mais; Prae, kuni seened on pehmed ja mais pehmed, 3–4 minutit. Kui kasutad, lisa piiniapähklid ja peekon ning sega korralikult läbi. Maitsesta kindlasti hästi.

c) Eemaldage seened ahjust ja jagage shiitake segu ühtlaselt 4 korgi silumispinna vahel. Veenduge, et mütsid asetseksid võimalikult tasaselt, et munad küpsetamise ajal ühele küljele ei libiseks. Murra iga seene peale 2 muna.

d) Soola munad kergelt ja pane ahju tagasi. Küpsetage, kuni munad on teie maitse järgi valmis, seejärel serveerige korraga.

9.Vorsti ja spinatiga täidetud Portobello seened

KOOSTISOSAD:
- 4 suurt portobello seeni
- 1/2 naela hommikusöögivorst, keedetud ja murendatud
- 1 tass värsket spinatit, hakitud
- 1/2 tassi cheddari juustu, tükeldatud
- 4 muna
- Sool ja pipar maitse järgi

JUHISED:
a) Kuumuta ahi temperatuurini 375 °F (190 °C).
b) Eemaldage portobello seentelt varred ja asetage need ahjuplaadile.
c) Sega kausis keedetud vorst, tükeldatud spinat ja riivitud Cheddari juust.
d) Tõsta vorstisegu lusikaga igasse seenekübara sisse.
e) Murra iga täidetud seene peale üks muna.
f) Maitsesta soola ja pipraga maitse järgi.
g) Küpseta 15-20 minutit või kuni munad on teie maitse järgi küpsed.

10. Tomati ja basiiliku hommikusöögiks Portobello Caps

KOOSTISOSAD:
- 4 suurt portobello seeni
- 1 tass kirsstomateid, poolitatud
- 1/2 tassi värsket basiilikut, hakitud
- 4 muna
- 1/4 tassi parmesani juustu, riivitud
- Sool ja pipar maitse järgi

JUHISED:
a) Kuumuta ahi temperatuurini 375 °F (190 °C).
b) Eemaldage portobello seentelt varred ja asetage need ahjuplaadile.
c) Jaotage poolitatud kirsstomatid ja hakitud basiilik ühtlaselt seente vahel.
d) Murra iga seene peale üks muna.
e) Puista iga muna peale parmesani juustu.
f) Maitsesta soola ja pipraga maitse järgi.
g) Küpseta 15-20 minutit või kuni munad on hangunud.

11. Avokaado ja suitsulõhe Portobello Benedict

KOOSTISOSAD:
- 4 suurt portobello seeni
- 4 muna
- 4 untsi suitsulõhet
- 1 avokaado, viilutatud
- Hollandi kaste (poest ostetud või omatehtud)
- Murulauk, hakitud (kaunistuseks)

JUHISED:
a) Kuumuta ahi temperatuurini 375 °F (190 °C).
b) Eemaldage portobello seentelt varred ja asetage need ahjuplaadile.
c) Murra iga seenekübara sisse üks muna.
d) Küpseta 15-20 minutit või kuni munad on teie maitse järgi küpsed.
e) Aseta igale seenele viil suitsulõhet ja avokaadot.
f) Nirista peale hollandi kaste.
g) Kaunista hakitud murulaukuga.

12. Seente ja spinati hommikusöögi quesadillad

KOOSTISOSAD:
- 4 suurt portobello seent, viilutatud
- 2 tassi beebispinatit
- 4 suurt jahutortillat
- 1 tass hakitud Monterey Jacki juustu
- 4 muna, vahupuder
- Salsa ja hapukoor (serveerimiseks valikuline)

JUHISED:

a) Prae pannil viilutatud portobello seeni, kuni need vabastavad niiskuse.
b) Lisa pannile beebispinat ja küpseta, kuni see närbub.
c) Aseta tortilla plaadile või pannile keskmisel kuumusel.
d) Puista ühele poolele tortillale riivitud juust.
e) Tõsta seene-spinati segu lusikaga juustu peale.
f) Vala segu peale munapuder.
g) Voldi tortilla pooleks, vajutades seda spaatliga alla.
h) Küpseta 2-3 minutit mõlemalt poolt, kuni quesadilla on kuldne ja juust sulanud.
i) Korrake ülejäänud tortillade puhul.
j) Serveeri soovi korral salsa ja hapukoorega.

STARTERID

13. Krõbedaks küpsetatud Portobello seenefriikartulid

KOOSTISOSAD:

- 4 suurt portobello seent, varred eemaldatud ja kübarad friikartuliteks viilutatud
- 1 tass panko riivsaia
- 1/2 tassi riivitud parmesani juustu
- 1 tl küüslaugupulbrit
- 1 tl sibulapulbrit
- 1/2 tl suitsupaprikat
- Sool ja must pipar maitse järgi
- 2 suurt muna, lahtiklopitud
- Katmiseks keedusprei või oliiviõli

JUHISED:

a) Kuumuta ahi temperatuurini 425 °F (220 °C). Vooderda ahjuplaat küpsetuspaberiga ja tõsta kõrvale.
b) Sega madalas kausis kokku panko riivsai, riivitud parmesani juust, küüslaugupulber, sibulapulber, suitsupaprika, sool ja must pipar. Kattesegu saamiseks segage hästi.
c) Kastke iga portobello seenepraad lahtiklopitud munadesse, tagades, et see oleks täielikult kaetud.
d) Veereta kaetud seenepraad riivsaiasegus, vajutades õrnalt, et kate ühtlaselt kinnituks.
e) Asetage kaetud seenefriikartulid ettevalmistatud ahjuplaadile, jättes iga prae vahele ruumi.
f) Määri seenefriikartulid kergelt küpsetusspreiga või pintselda oliiviõliga.
g) Küpseta eelkuumutatud ahjus 15-20 minutit või kuni friikartulid on kuldpruunid ja krõbedad, keerates neid poole küpsetusaja pealt ühtlaseks krõbeduseks.
h) Võta ahjust välja ja lase neil enne serveerimist veidi jahtuda.
i) Valikuline: serveeri oma lemmikdipikastmega, nagu marinara, aioli või rantšo.
j) Nautige oma krõbedaid portobello seenefriikartuleid maitsva suupistena või ainulaadse lisandina koos rahuldava krõmpsuga!

14. Seene-, kartuli-, kõrvitsa- ja chakalaka

KOOSTISOSAD:
GRILLI SEENELE
- 200 g Portabello seeni
- 1 g kurkum
- 1 g peent soola
- 15 ml oliiviõli
- 10 ml äädikat

HASSELBACK KARTULI JAOKS
- 250 g kartulit
- 1 g kurkum
- 1 g peent soola
- 15 ml oliiviõli
- 2 g rosmariini
- 5 g Parmesani juustu

KÕRVITSAPRANTSIDE JAOKS
- 150 g Butternut
- 30 g koogijahu
- 45 ml Aquafaba
- 1 g küpsetuspulbrit
- 2 g Tinavõiuba
- 0,125 g tervet koriandrit

TŠAKALAKA EEST
- 5 g hakitud valget sibulat
- 5 g kuubikuteks lõigatud punast pipart
- 5 g roheline paprika kuubikuteks
- 15 g riivitud porgandit
- 10 g hakitud ploomtomatit
- 100 g Tina kikerhernes
- 10 ml Chutney
- 2 ml riisiäädikat
- 1 g ingverit
- 1 g jahvatatud kaneeli
- 2 g siirupi suhkrut

JUHISED:
SEENELE
a) Maitsesta seened, marineeri oliiviõlis ja balsamicos.
b) Prae kuumal pannil ja küpseta, kuni see on karamelliseerunud.

HASSELBACK KARTULI JAOKS
c) Aseta kartulid ahjuplaadile, pintselda poole õliga, puista peale soola, pipart ja rosmariini.
d) Rösti 210'C juures 30 minutit.
e) Võta ahjust välja ja pintselda ülejäänud õliga ning puista peale juustu. Küpseta kuni küpsemiseni.

KÕRVITSAPRANTSIDE JAOKS
f) Sega võipähkel, jahu, aquafaba ja küpsetuspulber ühtlaseks taignaks.
g) Prae kuumas õlis taignatükid.
h) Puista üle kaneelisuhkruga.

TŠAKALAKA EEST
i) Prae kõiki köögivilju oliiviõlis, kuni see hakkab pehmenema.
j) Lisa vürtsid ja küpseta kuni lõhnavad.
k) Lisa tomatipasta, chutney ja küpsetatud oad. Jätkake küpsetamist paar minutit.

15. Fetatäidisega Portobello seened

KOOSTISOSAD:
- 4 (4") suurt Portobello seeni
- 2 spl ekstra neitsioliiviõli
- 1 küüslauguküüs (kooritud ja hakitud)
- ¼ teelusikatäit soola
- 1 tass fetajuustu (purustatud)
- ½ tassi pestot

JUHISED:

a) Eemaldage ja visake ära seenevarred ning lusikaga kraapige, eemaldage ja visake lõpused ära.

b) Sega kausis oliiviõli ja küüslauk. Pintselda seentele küüslauguõli ja maitsesta soolaga.

c) Sega väiksemas kausis murendatud feta pestoga.

d) Aseta seened määritud alumiiniumfooliumilehele ja grilli, varre pool ülespoole, kaane all mõõdukal kuumusel 8–10 minutit.

e) Tõsta fetasegu lusikaga seente hulka ja grilli kaane all 2-3 minutit, kuni see on kuumenenud.

16. Roheliste ubade pajaroog täidisega seened

KOOSTISOSAD:
- 3 viilu kalkuni peekoni ribad (kuubikuteks)
- 1½ tl küüslauku (kooritud ja hakitud)
- 1 (14½ untsi) purk prantsusepäraseid rohelisi ube (nõrutatud)
- ¾ tassi parmesani juustu (värskelt riivitud ja jagatud)
- ¼ tassi kondenseeritud sibulasuppi (lahjendamata)
- ¼ tassi vett
- ⅛ tl jahvatatud muskaatpähklit
- ⅛ tl musta pipart
- 1 tass kuiva riivsaia
- 30 tervet beebiportobello seeni
- Mittenakkuv toiduvalmistamissprei
- 1 (2,8 untsi) purki praetud sibulat

JUHISED:
a) Küpseta peekon mõõdukal kuumusel väikesel praepannil krõbedaks.
b) Lisa küüslauk ja küpseta veel 60 sekundit.
c) Sega köögikombainis prantsuse rohelised oad, ½ tassi parmesani juust, kondenseeritud sibulasupp, vesi, muskaatpähkel, must pipar ja peekonisegu ning töötle kuni segunemiseni. Tõsta segu kaussi ja sega hulka riivsai.
d) Eemaldage ja visake seente varred ära. Pritsige mittekleepuva küpsetussprei abil seenekübarad ja asetage määrimata 15x10x1" küpsetuspannile, varreküljed allapoole. Küpsetage ahjus 425 ° F juures 10 minutit, keerates need üks kord ümber.
e) Kurna seenekübaratelt vedelik välja ja täida prantsuse roheliste ubade seguga. Tõsta peale ülejäänud parmesani juust ja praetud sibul. Küpseta ahjus veel 8-10 minutit, kuni seened on kahvliga pehmed ja täidis kuumenenud.
f) Serveeri ja naudi.

17. Krevettide ja kitsejuustu täidisega seened

KOOSTISOSAD:
- 8 untsi kuumtöötlemata krevette, kooritud, tükeldatud ja tükeldatud
- 1 (4 untsi) palk värsket kitsejuustu ürtidega (purustatud)
- ⅓ tassi rohelist sibulat (hakitud)
- ¼ tassi panko riivsaia
- 1 tl värsket ingverijuurt (hakitud)
- ½ tl purustatud punase pipra helbeid
- ½ tl soola
- ¼ tl musta pipart
- 8 untsi terveid beebiportobello seeni (varrega)
- 2 spl seesamiõli
- Roheline sibul (õhukeseks viilutatud, kaunistamiseks)

JUHISED:

a) Sega kausis krevetid, kitsejuust, roheline sibul, riivsai, ingverijuur, punase pipra helbed, sool ja must pipar.

b) Tõsta krevetisegu lusikaga seenekübaratesse ja laota need määrimata ahjuplaadile. Nirista üle seesamiõliga.

c) Küpseta seeni temperatuuril 350 ° F 10–15 minutit, kuni krevetid on roosad.

d) Kaunista täidetud seened rohelise sibulaga ja naudi soojalt.

18. Täidetud seened ulukilihaga

KOOSTISOSAD:

- 4 (5") tervet beebiportobello seeni
- ½ (7 untsi) võib peeneks lõigatud tomateid (hästi kurnatud)
- 1 nael jahvatatud hirveliha
- ½ tl soola
- ⅛ tl musta pipart
- ¼ tl sibulapulbrit
- ¼ tl kuivatatud tüümiani
- ¾ tl apteegitilli seemet
- ¼ tl Cayenne'i pipart
- ½ tl kuivatatud oreganot
- 1 tl paprikat
- ½ tl kuivatatud basiilikut
- 1 muna
- 3 untsi tomatipastat
- ⅓ tassi palsamiäädikat
- 3-4 küüslauguküünt (kooritud ja purustatud)
- ½ tassi rohelist sibulat (hakitud)
- 1 (4 untsi) purk viilutatud mustad oliivid (nõrutatud)
- 1 ½ tassi mozzarellat (hakitud)
- 1 tass Itaalia 3 juustu segu
- ¼ tassi Itaalia riivsaia

JUHISED:
a) Eelsoojendage põhiahi temperatuurini 375 ° F.
b) Eemaldage ja viilutage seenekübarate varred peeneks. Kõrvale panema.
c) Laota seenekübarad köögipaberile, varre pool allapoole.
d) Suru konservtomatid läbi sõela ja suru puulusika tagaosa abil õrnalt alla, et eemaldada võimalikult palju vedelikku.
e) Sega kausis jahvatatud hirveliha soola, musta pipra, sibulapulbri, kuivatatud tüümiani, apteegitilli seemne, cayenne'i pipra, kuivatatud pune, paprika ja kuivatatud basiilikuga. Seejärel lisa muna, tomatipasta ja äädikas. Segage segamiseks hoolikalt.
f) Järgmisena segage küüslauk, roheline sibul, mustad oliivid, tükeldatud sibulavarred, mozzarella, Itaalia juust ja riivsai.
g) Täida seenekübarad suure lusikaga ulukilihaseguga. Täidise kogus peaks olema umbes 75 protsenti seene suurusest.
h) Küpseta täidetud seeni malmpannil 20-25 minutit, kuni need on küpsed.

19. Spirulina ja seente arancini

KOOSTISOSAD:
- 2 tassi taimetoidu puljongit (või kanapuljongit)
- 2 spl oliiviõli
- 1 sibul, peeneks hakitud
- 2 küüslauguküünt, purustatud
- 3 värsket Šveitsi pruuni või põldseent
- 2 kuivatatud shiitake seeni
- ¼ tassi viilutatud kuivatatud portobello seeni
- ½ tassi valget veini
- 1 ½ tassi (300 g) arborio riisi
- ¾ tassi (58 g) riivitud parmesani, mozzarellat või cheddari juustu
- 2 supilusikatäit värsket spirulinat
- ½ tassi (65 g) tavalist jahu
- 3 muna, lahtiklopitud
- 1 tass riivsaia
- Õli madalaks praadimiseks
- Sool, maitsestamiseks

JUHISED:

a) Kuumuta ahi 160°C-ni.
b) Aseta puljong kastrulisse keskmisel kuumusel. Kuumuta see keemiseni, seejärel alanda kuumust, kata kaanega ja keeda tasasel tulel.
c) Asetage kuivatatud seened 1 tassi kuuma vette. Kui kuivatatud seened on pehmed, pigista liigne vedelik välja ja tükelda need jämedalt. Lisa puljongile leotusvesi.
d) Tükelda värsked seened.
e) Kuumuta oliiviõli suurel pannil keskmisel kuumusel. Lisa peeneks hakitud sibul ja purustatud küüslauk ning küpseta 1-2 minutit või kuni need on pehmenenud.
f) Sega juurde tükeldatud seened ja küpseta 2-3 minutit, kuni need pehmenevad.
g) Alandage kuumust madalaks, lisage arborio riis ja segage 3–4 minutit, tagades, et see on ühtlaselt õliga kaetud.
h) Lisa valge vein ja küpseta, kuni see on riisi imendunud.
i) Alustage puljongi soojendamist ½ tassi portsjonite kaupa ja segage aeg-ajalt. Jätkake seda protsessi, kuni riis imab puljongi ja saavutab al dente konsistentsi. Segu peaks olema kergelt kleepuv.
j) Lisa korralikult segades riivjuust ja värske spirulina. Maitsesta segu maitse järgi soola ja pipraga. Laske sellel täielikult jahtuda.
k) Veereta kuhjaga supilusikatäit risotosegust pallikesed, puista need jahuga üle, kasta lahtiklopitud munadesse ja veereta seejärel riivsaias.
l) Prae pallikesed kergelt madalal, kuni riivsai muutub kuldpruuniks.
m) Tõsta pallid küpsetuspaberiga kaetud alusele ja küpseta veel 20 minutit.

20. Portobello seenepeekon

KOOSTISOSAD:
- 2 spl kerget oliiviõli
- 2 spl sojakastet
- 1 supilusikatäis puhast vahtrasiirupit
- ½ tl vedelat suitsu
- 1 tl suitsupaprikat
- ¼ tl punase pipra helbeid
- ¼ teelusikatäit pipart
- 2 portobello seeni, viilutatud ⅛-tollisteks ribadeks

JUHISED:
a) Vahusta oliiviõli, sojakaste, vahtrasiirup, vedel suits, suitsupaprika, punase pipra helbed ja pipar suures kausis. Lisa seeneviilud ja viska katteks.
b) Valige Air Fryer Toaster Oven eelsoojenduse funktsioon, seejärel vajutage nuppu Start/Pause.
c) Asetage seeneviilud praekorvi ühtlase kihina, seejärel asetage korv eelkuumutatud ahju keskmises asendis.
d) Valige funktsioonid Air Fry ja Shake, seadke aeg 15 minutiks ja vajutage nuppu Start/Pause.
e) Poole küpsetamise ajal keerake seeneviilud ümber. Raputamise meeldetuletus annab teile teada, millal.
f) Eemaldage, kui seened on krõbedad.

21. Squash ja Portobello Bruschetta

KOOSTISOSAD:
- 1¾ naela Butternut Squash või Orange-Flesh Squash
- ¾ naela Portobello seeni, pühitud puhtaks, varred eemaldatud
- 3 Küüslauguküünt
- Sool ja värskelt jahvatatud pipar, maitse järgi
- 1 spl hakitud värsket pune
- 1 spl hakitud värsket rosmariini
- 2 spl palsamiäädikat
- ¼ tassi madala naatriumisisaldusega kanapuljongit, rasvata
- ¼ tassi pehmet kitsejuustu
- 6 viilu täistera maaleiba
- Oliiviõli pihusti

JUHISED:
a) Kuumuta ahi 425 kraadini restiga keskel. Pihustage röstimispann küpsetuspritsiga. Lõika kõrvits pikuti pooleks. Eemaldage seemned ja kiud ning koorige need. Lõika kõrvits ½-tollisteks tükkideks.
b) Lõika portobellod ½-tollisteks tükkideks. Tõsta kõrvits ja seened pannile, hoides neid eraldi.
c) Lisa küüslauk. Pihustage kõik toiduvalmistamise pihustiga. Puista peale soola ja pipart ning pool pune ja rosmariini.
d) Küpseta, kuni portobellod on pehmed, 15–20 minutit, ja eemalda portobellod. Laota kõrvits pannil laiali, keera spaatliga. Suurendage kuumust 450 kraadini.
e) Küpseta, kuni kõrvits on pehme ja küüslauk pehme, veel umbes 15 minutit. Eemaldage ahjust. Eemalda küüslauguküüned ja jäta alles.
f) Tõsta portobellod pannile tagasi ja aseta pliidiplaadile keskmisel-kõrgel kuumusel.
g) Lisa äädikas, kanapuljong ja ülejäänud pool pune ja rosmariin ning kraabi mööda panni põhja, et eemaldada kõik küpsenud tükid.
h) Küpseta sageli segades, kuni vedelik on muutunud glasuuriks, 2–3 minutit. Tõsta segu suurde kaussi. Lase veidi jahtuda.
i) Eemaldage segust umbes ⅓ squashikuubikutest ja tõsta keskmisesse kaussi. Kasutage noa tagumist, et igast küünest välja kraapida pehmenenud küüslaugu viljaliha. Lisa kaussi. Lisa kitsejuust.
j) Kasutage kahvlit, et purustada koostisosad pastaks. Kõrvale panema. Rösti saiaviilud kergelt grillpannil või broileri all. Määri igaüks squashipastaga.
k) Tõsta igaüks peale squashi- ja portobello segu.
l) Kaunista pune ja rosmariiniga.

22. Spirulina ja seente kroketid

KOOSTISOSAD:
- 2 tassi taimetoidu puljongit (või kanapuljongit)
- 2 spl oliiviõli
- 1 sibul, peeneks hakitud
- 2 küüslauguküünt, purustatud
- 3 värsket Šveitsi pruuni või põldseent
- 2 kuivatatud shiitake seeni
- ¼ tassi viilutatud kuivatatud portobello seeni
- ½ tassi valget veini
- 1 ½ tassi (300 g) arborio riisi
- ¾ tassi (58 g) riivitud parmesani, mozzarellat või cheddari juustu
- 2 supilusikatäit värsket spirulinat
- ½ tassi (65 g) tavalist jahu
- 3 muna, lahtiklopitud
- 1 tass riivsaia
- Õli madalaks praadimiseks
- Sool, maitsestamiseks

JUHISED:

n) Kuumuta ahi 160°C-ni.

o) Aseta puljong kastrulisse keskmisel kuumusel. Kuumuta see keemiseni, seejärel alanda kuumust, kata kaanega ja keeda tasasel tulel.

p) Asetage kuivatatud seened 1 tassi kuuma vette. Kui kuivatatud seened on pehmed, pigista liigne vedelik välja ja tükelda need jämedalt. Lisa puljongile leotusvesi.

q) Tükelda värsked seened.

r) Kuumuta oliiviõli suurel pannil keskmisel kuumusel. Lisa peeneks hakitud sibul ja purustatud küüslauk ning küpseta 1-2 minutit või kuni need on pehmenenud.

s) Sega juurde tükeldatud seened ja küpseta 2-3 minutit, kuni need pehmenevad.

t) Alandage kuumust madalaks, lisage arborio riis ja segage 3–4 minutit, tagades, et see on ühtlaselt õliga kaetud.

u) Lisa valge vein ja küpseta, kuni see on riisi imendunud.

v) Alustage puljongi soojendamist ½ tassi portsjonite kaupa ja segage aeg-ajalt. Jätkake seda protsessi, kuni riis imab puljongi ja saavutab al dente konsistentsi. Segu peaks olema kergelt kleepuv.

w) Lisa korralikult segades riivjuust ja värske spirulina. Maitsesta segu maitse järgi soola ja pipraga. Laske sellel täielikult jahtuda.

x) Veereta kuhjaga supilusikatäit risotosegust pallikesed, puista need jahuga üle, kasta lahtiklopitud munadesse ja veereta seejärel riivsaias.

y) Prae pallikesed kergelt madalal, kuni riivsai muutub kuldpruuniks.

z) Tõsta pallid küpsetuspaberiga kaetud alusele ja küpseta veel 20 minutit.

PÕHIROOG

23. Portobello lihaleib magusa palsamikastmega

KOOSTISOSAD:
RÖSTITUD SEENTE JA PAPRIKATE KOHTA:
- 9 untsi portobello seeni
- 3 punast paprikat
- 3 spl sidrunimahla
- 1/4 tassi oliiviõli
- 4 küüslauguküünt, hakitud
- 1/2 tl soola

LIHAPÄÄS:
- 1 tass kreeka pähkleid, leotatud
- 1 tass mandleid, leotatud
- 1/2 sibulat
- 1 spl tamari
- 3 spl oliiviõli
- 2 spl tüümiani
- 2 tl salvei
- 1 spl ürtide segu (tüümiani, majoraani, peterselli, pune, salvei ja basiiliku kombinatsioon)

TOMATI KASTE:
- 6 untsi kirsstomateid
- 1/2 punast paprikat, seemnetest puhastatud ja tükeldatud
- 1/4 punast sibulat (pool hakitud, pool õhukesteks viiludeks)
- 1 spl oliiviõli
- 1 spl palsamiäädikat
- 1 küüslauguküüs, kooritud
- 1/4 tl musta pipart, jahvatatud
- 1/2 spl apteegitilli seemneid, jahvatatud
- 2 tl sibulapulbrit
- 1/2 tl soola
- 2 tl paprikat (magus sort, mitte vürtsikas)

JUHISED:

RÖSTITUD SEENTE JA PAPRIKATE KOHTA:

a) Lõika seened umbes 1 cm (1/2 tolli) viiludeks ja paprika umbes 1/2 cm (1/4 tolli) ribadeks.

b) Sega kausis sidrunimahl, oliiviõli, hakitud küüslauk ja sool. Lisa viilutatud seened ja paprika, sega korralikult läbi.

c) Asetage seened ja paprikad mittenakkuvale kuivatusplaadile, kuivatage 3 tundi temperatuuril 115 °F.

LIHAPÄÄS:

d) Jahvata kõik lihaleiva koostisosad köögikombainis põhjalikult segunemiseni.

e) Lisa kuivatatud seened ja paprika, töötle uuesti, jättes need turskeks.

f) Eemaldage köögikombainist ja vormige 2 pätsi, umbes 2 cm kõrged ja 4 cm laiused.

g) Dehüdreerige 12 tundi temperatuuril 115 °F koos tomatikastmega (vt allpool).

TOMATI KASTE:

h) Aseta kõik kastme koostisosad kiiresse blenderisse, töötle ühtlaseks massiks.

i) Asetage kaste suurde kaussi, et saada suurem pindala, mis aitab kiiremini vähendada.

j) Asetage kauss dehüdraatorisse temperatuuril 115 °F 12 tunniks, aeg-ajalt segades, kuni see on poole võrra vähenenud ja paksenenud.

k) Määri lihaleiva peale ühtlane kiht kastet, mis on selleks hetkeks enamjaolt kuivanud.

l) Dehüdreerige temperatuuril 115 °F veel 2 tundi.

m) Serveeri dehüdraatorist soojalt.

24. Portobello lambakoera pirukad

KOOSTISOSAD:
- 1 nael veisehakkliha (või lahja jahvatatud lambaliha)
- 6 spl peeneks hakitud värsket rosmariini, jagatud
- 1 spl oliiviõli
- 1/2 kollast sibulat, hakitud
- 2 spl võid
- 1 kuhjaga spl jahu
- 8 untsi veiselihapuljongit
- Sool ja värskelt jahvatatud must pipar
- 5 või 6 suurt portobello seenekübarat (ümmargused kausikujulised, mitte lamedad)

TOPPING:
- 2 suurt ruske küpsetuskartulit, kooritud ja suurteks tükkideks lõigatud
- 2 spl võid
- 1/2 tassi täispiima
- Sool ja pipar maitse järgi

JUHISED:
a) Seadke ahi temperatuurini 375 ° F.
b) Pane kartulid veepotti ja lase keema. Keeda, kuni kartul on pehme.
c) Nõruta kartulid ning püreesta need või ja piimaga ühtlaseks ja kreemjaks. Vajadusel reguleerige konsistentsi rohkema piimaga. Maitsesta soola ja pipraga maitse järgi. Võimalusel kasutage elektrilisi vispliid. Katke ja asetage kõrvale.
d) Pruunista pannil veiseliha (või lambaliha) ja 2 supilusikatäit rosmariini, tükeldades liha küpsemise ajal peeneks. Eemalda taldrikule.
e) Lisa pannile sibul ja küpseta keskmisel kuumusel, kuni see hakkab pruunistuma. Kui pann on liiga kuiv, lisage veidi oliiviõli. Tõsta sibulad taldrikule koos lihaga.
f) Lisa pannile 2 spl võid ja lase sulada. Sega juurde jahu, küpseta paar minutit, kuni see muutub ilusaks pruuniks. Segamise ajal kraapige kõik tükid panni põhjast üles.
g) Lisa pannile veiselihapuljong, vahustades hoogsalt, et kõik seguneks, ja keeda, kuni see pakseneb.
h) Lisage veiseliha ja sibul tagasi pannile, tühjendage liigne rasv enne lisamist. Maitse ja maitsesta.
i) Puhasta seentelt tolm ja eemalda varred. Kaabi lõpused ettevaatlikult lusikaga välja, et tekiks lihale ruumi.
j) Kui seened on väga suured, asetage need kuivale ahjuplaadile ja küpsetage ahjus umbes 10 minutit. Seejärel täitke iga seened lihaseguga.
k) Valage igale seenele ohtralt kartulipüreed ja küpsetage umbes 15-20 minutit, kuni kõik on kuum ja mullitav.
l) Serveeri kohe koos rohke värske rosmariini ja keedetud hernestega. Nautige!

25. Grillitud Portobello pihvid

KOOSTISOSAD:
- 4 suurt Portobello seenekübarat
- Grillikaste
- ½ teelusikatäit soola
- ¼ tl Värskelt jahvatatud pipart

JUHISED:
a) Valmistage grill ette.
b) Pühkige seenekübarad paberrätikuga; pintselda iga korki 1 grillkastmega ning puista peale soola ja pipart.
c) Aseta seened, kübarapool allapoole, grillile; telk fooliumiga. Grillige 3–5 minutit keskmiselt madalal kuumusel. Eemaldage foolium; pintselda iga seeni 1 spl kastmega. Keera seened ja pintselda veel 1 spl kastmega.
d) Grilli veel 3–5 minutit, kuni see on kahvliga läbitorkamisel pehme. Serveeri soovi korral kuumutatult ülejäänud grillkastmega. Valmistab: 4 portsjonit.

26. Kana Madeira Portobelloga

KOOSTISOSAD:
- 4 suurt kondita kana rinnapoolikud
- 8 untsi Portobellos; paksult viilutatud
- 1 tass universaalset jahu
- 2 spl Võid
- 2 supilusikatäit oliiviõli
- Sool ja värskelt jahvatatud pipar maitse järgi
- 1 spl värsket itaalia peterselli või basiilikut; hakitud
- Värske Itaalia peterselli või basiiliku allikad
- ½ tassi Madeira kuiva veini
- ½ tassi kanapuljongit

JUHISED:

a) Asetage kana rinnatükid ükshaaval 2 vahatatud paberilehe vahele. Laota kanatükid naha eemaldatud küljega vahatatud paberile ja tasanda õrnalt haamriga.

b) Tasandage need umbes ¼ tolli paksuseks. Kana peksmisel on kaks eesmärki; 1) rinna suuremaks muutmine ja mis kõige tähtsam 2) paksus ühtlane, et küpsetusaeg oleks ühtlane.

c) Sega jahu, sool ja pipar puhtal vahapaberil. Katke iga kanarind maitsestatud jahuga; tõsta ühest otsast ja raputa õrnalt üleliigne jahu maha. Asetage iga tolmutatud kanatükk teisele vahatatud paberile ja ärge laske neil üksteisega kattuda.

d) Sulata 2 tl võid ja 2 tl oliiviõli suurel sügaval mittenakkuval pannil. Kui või ja õli on kuumad (mullitavad), lisa seened. Prae kõrgel kuumusel, kuni seened on kergelt pruunistunud ja pehmenenud ning kogu vedelik on aurustunud. Eemaldage seened pannilt ja asetage kõrvale.

e) Maitsesta seened soola, pipra ja peterselli või basiilikuga. Pane pann keskmisele-kõrgele kuumusele tagasi. Lisa ülejäänud või ja oliiviõli. Lisage kana pannile, küpsetades kõigepealt kooritud pool.

f) Prae kanarinda 2-3 minutit mõlemalt poolt. Ära üle küpseta. Tõsta kana suurele vaagnale ja kata fooliumiga. VÕI Küpsetatud kanarinda võid hoida ka soojas ahjus (150-200 kraadi) suurel vaagnal.

g) Kui kõik kanarinnad on pruunistatud, valage pannilt liigne rasv ära, jättes pannile vaid mõned tilgad. Vala juurde vein ja kanapuljong ning keskmisel kuumusel kraabi panni põhja, vabastades kõik põhja külge kleepunud osakesed ja lahustades need vedelikus. VÕI Võite panni glasuurida traditsioonilisemal viisil. Lisage pannile vein ja hautage kõrgel kuumusel, kuni maht on poole võrra vähenenud, umbes 2–3 minutit.

h) Lisa kanapuljong ja hauta kõrgel kuumusel, kuni maht väheneb poole võrra, umbes 1 minut.

i) Tõsta portobellod tagasi pannile. Maitse ja vajadusel kohanda maitseaineid. Lusikaga kaste kana peale. Serveeri.

j) Serveeri kana vaagnal, mis on kaunistatud Itaalia peterselli või basiiliku värskete okstega, olenevalt sellest, millise ürdi valisid roas kasutada.

27.Õhus praetud veganseene praed

KOOSTISOSAD:
- 4 portobello seeni, puhastatud ja varred eemaldatud
- Näputäis soola maitse järgi
- 3 supilusikatäit oliiviõli
- 2 tl tamari sojakastet
- 1 tl küüslaugupüree

JUHISED:
a) Eelsoojendage Air Fryer temperatuurini 350F / 180C.
b) Sega kausis tamari sojakaste, oliiviõli, küüslaugupüree ja sool.
c) Lisage seened ja segage.
d) Prae seened õhus praepannil 10 minutit.

28. Baklažaan ja Portobello lasanje

KOOSTISOSAD:
- 1 nael ploomtomatid; neljandikku
- 1½ tassi jämedalt hakitud apteegitilli sibulat
- 1 spl Oliiviõli
- Mittekleepuv taimeõli pihusti
- 4 suurt Jaapani baklažaani; kärbitud, pikuti lõigatud
- ⅓ tolli paksused viilud
- 3 keskmist Portobello seeni; varred kärbitud; mütsid viilutatud
- 1 spl riisiäädikat
- 3 tassi spinati lehti; loputatud
- 4 Õhukesed viilud madala rasvasisaldusega mozzarella juustu
- 2 röstitud punast paprikat purgist; nõruta, lõika ribadeks
- 8 suurt basiilikulehte

JUHISED:

a) Kuumuta ahi temperatuurini 400 °F. Asetage tomatid ja apteegitill 13x9x2-tollisse klaasist küpsetusnõusse. Nirista õli peale; viska segama. Küpseta, kuni apteegitill on pehme ja hakkab pruunistuma, umbes 45 minutit. Lahe.

b) Pihustage 2 mittenakkuvat küpsetusplaati taimeõlipihustiga. Laota baklažaani- ja seeneviilud ettevalmistatud lehtedele. Küpseta, kuni köögiviljad on pehmed, baklažaaniviilude puhul umbes 30 minutit ja seente puhul 40 minutit. Püreesta tomatisegu töötlejas. Viige kausi kohal olevasse kurnakomplekti. Vedeliku ekstraheerimiseks vajutage tahketele ainetele; visake ära tahked ained. Sega äädikas vedeliku hulka. Maitsesta vinegrett soola ja pipraga.

c) Sega spinat suurel mittenakkuval pannil keskmisel-kõrgel kuumusel, kuni see närbub, umbes 1 minut. Eemaldage kuumusest.

d) Kuumuta ahi temperatuurini 350 ° F. Pihustage nelja 1¼-tassi vanillikaste tassi taimeõlipihustiga. Vooderda iga roog 2 baklažaaniviiluga ristikujuliselt.

e) Puista peale soola ja pipraga. Tõsta igale peale ¼ spinatit. Tõsta igaühe peale 1 mozzarellaviil. Laota peale pipraribad, seejärel basiilik ja seened.

f) Tõsta peale ülejäänud baklažaaniviilud, lõika sobivaks. Puista peale soola ja pipraga. Kata iga roog fooliumiga.

g) Küpseta lasanjeid väga pehmeks, umbes 25 minutit. Eemalda foolium. Väikese noaga lõigake köögiviljad lahti. Pöörake plaatidele.

h) Lusikaga vinegretti peale.

29. Küpsetatud Portobellos Romesco

KOOSTISOSAD:
- 6 untsi Portobello seeni
- ½ naela spagetid
- Sool ja pipar
- ½ tassi Lemmikpuljong
- 1 tass hakitud sibulat
- 1 tass hakitud punast pipart või baklažaani või ½ tassi kumbagi
- 1 küüslauguküüs, hakitud
- 2 spl Värsket hakitud peterselli
- 1 purk (16 untsi) tomatikastet
- 1 tl Vegetarian Worcestershire'i kastet
- ½ tl Kuivatatud pune
- ¼ tassi riivitud rasvavaba parmesani juustu

JUHISED:
a) Kuumuta ahi praadimiseks. Pane suur pott vett keema. Puhasta seened, maitsesta soola ja pipraga ning prae paar minutit mõlemalt poolt.
b) Samal ajal keeda pasta keevas vees al dente'iks. Lõika seened pikkadeks umbes ½ laiusteks ribadeks. Kurna pasta, aseta kergelt Pamiga ülepritsitud pajavormi ja tõsta peale seened. Vähendage ahju temperatuuri 350 kraadini Fahrenheiti.
c) Aja puljong pannil keema.
d) Prae sibulat, küüslauku, peterselli ja paprikat/baklažaani puljongis umbes viis minutit. Lisage tomatikaste, Worcestershire'i kaste ja pune ning küpseta veel kaks minutit. Vala peale pasta ja seened. Puista peale juust.
e) Kata ja küpseta umbes 30 minutit.

30. Seene-spinati pasta

KOOSTISOSAD:
- 3 spl ekstra neitsioliiviõli
- ½ tassi õhukeselt viilutatud šalottsibulat või punast sibulat
- koššersool
- 10 untsi valgeid nööbeseeni, lõigatud tükkideks
- 8 untsi portobello seenekübarad, viilutatud
- 2 küüslauguküünt, peeneks hakitud
- ½ tl purustatud punast tšillit
- Värskelt jahvatatud must pipar maitse järgi
- 8 untsi kuivatatud pappardelle või fettuccine nuudleid
- ¼ tassi roosat või kuiva valget veini
- 3 supilusikatäit võid
- ¼ tassi riivitud parmesani juustu
- 5 untsi beebispinati lehti

JUHISED:
a) Kuumuta suur pott soolaga maitsestatud vett keema.
b) Asetage suur (12-tolline) pann keskmisele kuumusele. Lisa pannile oliivõli ja šalottsibul koos ½ tl koššersoolaga. Küpseta sageli segades, kuni šalottsibul on pehmenenud, umbes 5 minutit.
c) Lisa pannile ühe kihina seened. Küpseta segamatult 5 minutit, seejärel puista peale ½ tl soola ja sega need ümber šalottsibulatega. Segage küüslauk, tšilli ja must pipar ning jätkake küpsetamist veel 5 minutit või kuni need on pehmenenud ja mahla vabastanud.
d) Kui seened küpsevad, lisa pasta keeduvette ja keeda vastavalt pakendi juhistele. Äravool.
e) Tõsta seente all kuumus keskmiselt kõrgele ja vala juurde vein. Lase mullitada ja küpseta 2 minutit. Segage võid, kuni see sulab.
f) Tõsta pann tulelt ja lisa pannile ¼ tassi juustu ja spinatit. Sega, kuni lehed on närbunud.
g) Lisa pannile keedetud pasta ja sega ettevaatlikult kastmega läbi. Serveeri kaussides, millele on peale puistatud juustu. Vala klaas veini ja naudi!

31. Kana Marsala Lasanje

KOOSTISOSAD:
- 12 lasanje nuudlit
- 4 tl Itaalia maitseainet, jagatud
- 1 tl soola
- ¾ naela kondita nahata kanarinda, kuubikuteks
- 1 spl oliiviõli
- ¼ tassi peeneks hakitud sibulat
- ½ tassi võid, kuubikuteks
- ½ naela viilutatud beebiportobello seeni
- 12 küüslauguküünt, hakitud
- 1½ tassi veiselihapuljongit
- ¾ tassi Marsala veini, jagatud
- ¼ tl jämedalt jahvatatud pipart
- 3 supilusikatäit maisitärklist
- ½ tassi peeneks hakitud täielikult keedetud sinki
- 1 karp (15 untsi) ricotta juustu
- 10 untsi külmutatud tükeldatud spinatit, sulatatud ja kuivatatud
- 2 tassi hakitud Itaalia juustu segu
- 1 tass riivitud Parmesani juustu, jagatud
- 2 suurt muna, kergelt lahti klopitud

JUHISED:

a) Keeda nuudlid vastavalt pakendi juhistele; äravool. Vahepeal sega 2 tl Itaalia maitseainet ja soola; puista kanarindadele. Kuumuta suurel pannil keskmisel-kõrgel kuumusel õli. Lisa kana; praadida, kuni see ei ole enam roosa. Eemaldage ja hoidke soojas.

b) Küpseta samal pannil sibulat võis keskmisel kuumusel 2 minutit. Sega sisse seened; küpseta pehmeks, 4-5 minutit kauem. Lisa küüslauk; keetke ja segage 2 minutit.

c) Segage puljong, ½ tassi veini ja pipart; lase keema. Sega maisitärklis ja ülejäänud vein ühtlaseks; sega pannile. Lase keema tõusta; küpseta ja sega kuni paksenemiseni, umbes 2 minutit. Sega juurde sink ja kana.

d) Kuumuta ahi 350°-ni. Kombineeri ricotta juust, spinat, Itaalia juustu segu, ¾ tassi parmesani juust, munad ja ülejäänud Itaalia maitseained. Määri 1 tass kanalihasegu määritud 13x9-tollisse ahjuvormi. küpsetusnõu. Asetage kiht 3 nuudli, umbes ¾ tassi kanasegu ja umbes 1 tassi ricotta seguga. Korda kihte 3 korda.

e) Küpseta kaanega 40 minutit. Puista peale ülejäänud parmesani juust. Küpseta ilma kaaneta, kuni pajaroog on mullitav ja juust sulanud, 10–15 minutit. Enne lõikamist laske 10 minutit seista.

32. Metsseene lihapallid

KOOSTISOSAD:
- 2 tl Oliiviõli
- 1 kollane sibul, peeneks hakitud
- 2 šalottsibul, kooritud ja hakitud
- ⅛ teelusikatäis soola
- 1 tass kuivatatud shiitake seeni
- 2 tassi Portobello seened
- 1 pakk Tofut
- ⅓ tassi röstitud nisuidud
- ⅓ tassi panko
- 2 spl Lite sojakastet
- 1 tl Vedel suitsumaitseaine
- ½ tl granuleeritud küüslauku
- ¾ tassi Kiiresti valmiv kaer

JUHISED:
a) Prae sibulat, šalottsibulat ja soola oliiviõlis umbes 5 minutit.
b) Varre pehmendatud shiitake seened ja haki need köögikombainis koos värskete seentega. Lisa sibulale.
c) Küpseta 10 minutit, aeg-ajalt segades, et vältida kleepumist.
d) Segage seened tofupüreega, lisage ülejäänud koostisosad ja segage hästi.
e) Tee kleepumise vältimiseks käed märjaks ja vormi lihapallid.
f) Küpseta 25 minutit, 15 minuti pärast keerake üks kord.

33. Artišokk ja Portobello risotto

KOOSTISOSAD:
- 2 maakera artišokki
- 2 spl taimset võid
- 1 sidrun
- 2 supilusikatäit oliiviõli
- 1 portobello seen
- 2½ tassi köögiviljapuljongit
- 1 sibul; hakitud
- 1 tass kuiva valget veini
- 2 küüslauguküünt; hakitud
- Sool ja pipar; maitsta
- 1 tass Arborio riisi
- 1 supilusikatäis peterselli; hakitud

JUHISED:
a) Suru ½ sidruni mahl kaussi ja lisa nii palju vett, et artichoke oleks kaetud.
b) Lõika seened neljandikku.
c) Viiluta seened väga õhukeseks.
d) Segage reserveeritud artišokid, viilutatud seened ja petersell.
e) Mikrolaine.

34. Portobello seene Enchiladas

KOOSTISOSAD:
- 2 spl oliiviõli
- 4 portobello seeni, viilutatud
- 1 sibul, hakitud
- 2 küüslauguküünt, hakitud
- 1 purk (15 untsi) musti ube, nõrutatud ja loputatud
- 1 tl jahvatatud köömneid
- Sool ja pipar, maitse järgi
- 8-10 maisitortillat
- 1 ½ tassi hakitud Monterey Jacki juustu
- 1 purk (15 untsi) enchilada kastet

JUHISED:
a) Kuumuta ahi temperatuurini 350 °F.
b) Kuumuta suurel pannil oliiviõli keskmisel-kõrgel kuumusel.
c) Lisage viilutatud portobello seened pannile ja praege, kuni need on pehmed ja pruunid, umbes 5-7 minutit.
d) Lisage pannile hakitud sibul ja küüslauk ning hautage umbes 2-3 minutit, kuni need muutuvad lõhnavaks.
e) Lisage pannile mustad oad, köömned, sool ja pipar ning segage, kuni need on hästi segunenud.
f) Soojenda maisitortillasid mikrolaineahjus või küpsetusplaadil, kuni need on pehmed ja painduvad.
g) Valage väike kogus enchilada kastet 9x13-tollise ahjuvormi põhja.
h) Aseta igale tortillale rikkalik lusikatäis seene ja musta oa segu ning keera tihedalt kokku.
i) Aseta kokkurullitud tortillad õmblusega pool allapoole ahjuvormi.
j) Valage enchiladade ülaosale järelejäänud enchilada kaste.
k) Puista enchiladade peale hakitud Monterey Jacki juust.
l) Küpseta eelsoojendatud ahjus 20-25 minutit või kuni juust on sulanud ja kihisev.
m) Kaunista värske koriandriga ja serveeri kuumalt.

35. Manna Gnocchi Portobello seentega

KOOSTISOSAD:
- 1 tass manna gnocchit
- 2 portobello seeni, viilutatud
- 1 tomat, tükeldatud
- Oliiviõli praadimiseks
- Sool ja pipar maitse järgi

JUHISED:

a) Keeda manna gnocchi vastavalt pakendi juhistele kuni need pinnale ujuvad. Nõruta ja tõsta kõrvale.

b) Kuumuta oliiviõli pannil keskmisel kuumusel.

c) Lisa pannile viilutatud Portobello seened ja tükeldatud tomat. Küpseta, kuni seened on pehmed ja tomat vabastab mahla.

d) Lisa pannile keedetud gnocchi ja prae kuldpruuniks ja krõbedaks.

e) Maitsesta soola ja pipraga maitse järgi.

f) Serveeri.

36. Tacos Microgreensi ja kitsejuustuga

KOOSTISOSAD:
- 4 portobello seenekübarat, varred eemaldatud
- 1 chipotle pipar adobo kastmes
- 2 poblano paprikat
- 2 punast paprikat
- 2 spl oliiviõli
- 2 tl koššersoola
- 4 untsi kitsejuustu
- 1 laim, mahl
- 10 4-tollist maisitortillat , röstitud

GARNISH:
- S vürtsikad mikrorohelised
- Ekstra laimiviilud
- Tükeldatud koriander
- Queso fresko

JUHISED:
a) Kuumuta grill umbes 500-600 kraadini.
b) Segage punane paprika, poblano pipar ja seenekübarad soola ja õliga.
c) Grilli köögivilju 8 minutit .
d) Tõsta kõrvale jahtuma.
e) Kui köögiviljad on jahtunud, lõigake need õhukesteks ribadeks, visake ära paprikapealsed ja seemned.
f) Puhasta köögikombainis köögiviljade grillimise ajal kitsejuust, chipotle pipar ja laimimahl.
g) Aseta grillitud köögiviljad tortilladesse, raputa peale mikrorohelised ja nirista peale kitsejuustumääret.
h) Serveeri koos laimiviiludega.

37. Sellerijuurravioolid selleri/seene täidisega

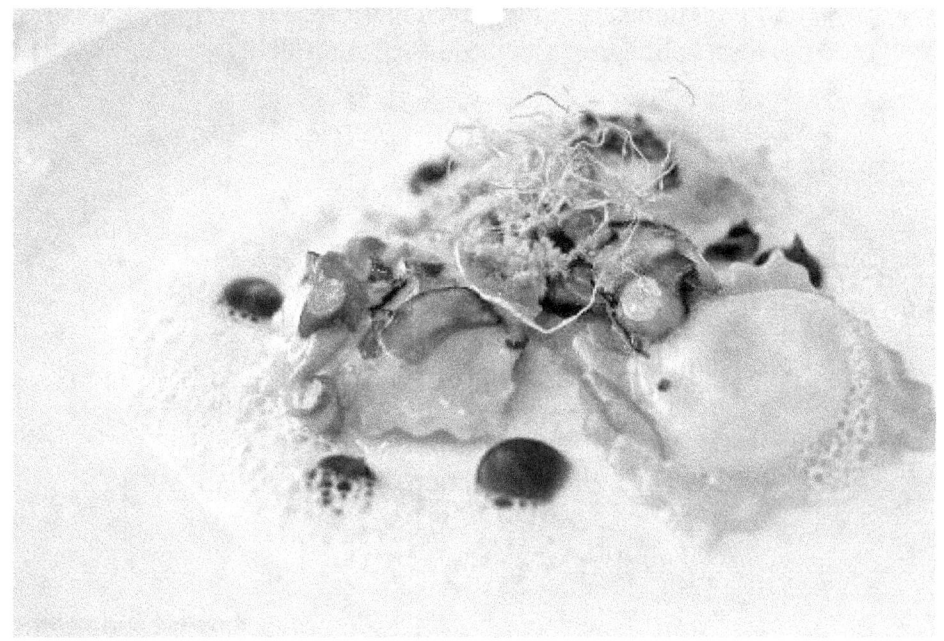

KOOSTISOSAD:
- ½ tassi kuubikuteks lõigatud porgandit
- ½ tassi kuubikuteks lõigatud sellerit
- ½ tassi kuubikuteks lõigatud Hispaania sibul
- 6 tl Oliiviõli
- 2 selleri juured; kooritud
- 3 portobello seeni
- Sool ja pipar
- 1 tass küüslauku
- 1 oks rosmariini
- 1 varsseller; kuubikuteks lõigatud
- 1 spl kuubikuteks lõigatud šalottsibul
- 2 spl hakitud värskeid ürte (nt petersell, murulauk)
- 2 tassi lamedate lehtedega peterselli lehti
- 1 Retsept Red Wine Reduction; retsept järgneb

JUHISED:

a) Karamelliseerige porgandid, seller ja sibul keskmises kastrulis 2 tl oliiviõlis.

b) Lisa juurseller, kata kolmveerand veega ja kata pann. Hauta aeglaselt 45–60 minutit või kuni pehme.

c) Eemaldage juurselleri hautisest ja jahutage täielikult. Hautamisvedelik reservi. Kärbi sellerijuur ruudukujuliseks ja viiluta paber õhukeseks. Puhastage Portobello seened, eemaldades varred ja tumepruuni alaosa.

d) Lõika neljandikku, maitsesta soola ja pipraga ning nirista peale 2 tl oliiviõli. Pane koos küüslaugu ja rosmariiniga ahjukindlale pannile ning kata alumiiniumfooliumiga.

e) Küpseta 350 kraadi juures 30–40 minutit või kuni see on pehme. Prae keskmisel praepannil kuubikuteks lõigatud seller ja šalottsibul 1 tl oliiviõlis. Tükeldage röstitud seened ja segage sellerisegu ja ürtidega.

f) Hauta pannil itaalia petersell 1 tl oliiviõlis ja 1 sl hautamisvedelikus.

g) Asetage juurselleri viilud lehtpannile koos tilga hautisega, maitsestage soola ja pipraga ning küpsetage 350 kraadi juures 3–4 minutit, et soojendada. Laota taldrikule 1 viil juurselleri ja tõsta peale seene-selleriseguga.

h) Aseta peale tükk peterselli ja kata teise juurselleri tükiga. Suru sellerijuure servad kokku ja aseta igasse nurka väikesed näpuotsad hautatud Itaalia peterselli.

i) Nirista iga taldriku servadele Red Wine Reductioniga.

38. Kastani ja maguskartuli gnocchi

KOOSTISOSAD:
GNOCCHI
- 1 + ½ tassi röstitud maguskartulit
- ½ tassi kastanijahu
- ½ tassi täispiima ricottat
- 2 tl koššersoola
- ½ tassi gluteenivaba jahu
- Valge pipar maitse järgi
- Suitsupaprika maitse järgi

SEEN- JA KASTANIRAGU
- 1 tass nööbikeseent, lõigatud 4 pooleks
- 2-3 portobello seeni, viilutatud peeneks ribadeks
- 1 kandik shimeji seeni (valge või pruun)
- ⅓ tassi kastanit, tükeldatud
- 2 supilusikatäit võid
- 2 šalottsibulat, peeneks hakitud
- 2 küüslauguküünt, peeneks hakitud
- 1 tl tomatipastat
- Valge vein (maitse järgi)
- Kosher sool (maitse järgi)
- 2 spl värsket salvei, peeneks hakitud
- Petersell maitse järgi

LÕPETAMA
- 2 supilusikatäit oliiviõli
- Parmesani juust (maitse järgi)

JUHISED:
GNOCCHI
a) Kuumuta ahi 380 kraadini.
b) Torka bataat kahvliga läbi.
c) Asetage bataadid ääristatud küpsetusplaadile ja röstige umbes 30 minutit või kuni need on pehmed. Lase veidi jahtuda.
d) Koori bataadid ja tõsta need köögikombaini. Püreesta ühtlaseks.
e) Sega suures kausis kuivained (kastanijahu, sool, gluteenivaba jahu, valge pipar ja suitsupaprika) omavahel ning jäta kõrvale.

f) Tõsta bataadipüree suurde kaussi. Lisage ricotta ja lisage ¾ kuivatatud segust. Tõsta tainas tugevalt jahuga ülepuistatud tööpinnale ja sõtku õrnalt juurde jahu, kuni tainas on ühtlane, kuid siiski väga pehme.

g) Jagage tainas 6-8 tükiks ja rullige iga tükk 1 tolli paksuseks köieks.

h) Lõika köied 1-tollisteks tükkideks ja puista iga tükk gluteenivaba jahuga.

i) Rulli iga gnocchi vastu jahuga puistatud kahvli piike, et tekiks väikesed süvendid.

j) Hoidke seda jahutis kandikul, kuni olete selle kasutamiseks valmis.

SEEN- JA KASTANIRAGU

k) Sulata kuumal pannil või ja lisa näpuotsaga soola.

l) Lisa šalottsibul, küüslauk ja salvei ning prae 10 minutit, kuni šalottsibul on läbipaistev.

m) Lisa kõik seened ja prae kõrgel kuumusel pidevalt segades.

n) Lisa tomatipasta ja valge vein ning lase sellel haududa, kuni seened on pehmed ja pehmed.

o) Kata ragu värske hakitud peterselli ja kuubikuteks lõigatud kastanitega. Kõrvale panema.

LÕPETAMA

p) Kuumuta suur pott soolaga maitsestatud vett keema. Lisa bataadi gnocchi ja küpseta, kuni need pinnale ujuvad, umbes 3-4 minutit.

q) Tõsta gnocchi lusika abil suurele taldrikule. Korrake ülejäänud gnocchiga.

r) Sulata suurel pannil 2 spl oliiviõli.

s) Lisa õrnalt segades gnocchi, kuni gnocchi on karamelliseerunud.

t) Lisa Ragu seen ja lisa paar supilusikatäit gnocchi vett.

u) Sega õrnalt ja lase kõrgel kuumusel 2-3 minutit küpseda.

v) Serveeri peale puistata parmesani juustu.

39. Päikesekuivatatud tomat ja feta portobellos

KOOSTISOSAD:
- 4 suurt Portobello seeni
- ½ tassi murendatud fetajuustu
- ¼ tassi tükeldatud päikesekuivatatud tomateid
- ¼ tassi hakitud värsket peterselli
- 1 küüslauguküüs, hakitud
- ¼ tassi riivsaia
- Sool ja pipar maitse järgi

JUHISED:
a) Kuumuta ahi temperatuurini 375 ° F.
b) Puhasta Portobello seened ja eemalda varred.
c) Sega kausis kokku murendatud fetajuust, tükeldatud päikesekuivatatud tomatid, hakitud värske petersell, hakitud küüslauk, riivsai, sool ja pipar.
d) Täida iga seen seguga.
e) Aseta täidetud seened ahjuplaadile.
f) Küpseta 20-25 minutit või kuni seened on pehmed ja juust sulanud.
g) Serveeri kuumalt.

40.Seenetacod Chipotle'i kreemiga

KOOSTISOSAD:
- 1 keskmine punane sibul, õhukeselt viilutatud
- 1 suur portobello seen, tükeldatud ½-tollisteks kuubikuteks
- 6 küüslauguküünt, hakitud
- Meresool maitse järgi
- 12 6-tollist maisi tortillat
- 1 tass Chipotle'i koorekastet
- 2 tassi hakitud rooma salatit
- ½ tassi hakitud värsket koriandrit

JUHISED:
a) Kuumuta suur pann keskmisel-kõrgel kuumusel.

b) Lisa punane sibul ja portobello seened ning prae segades 4–5 minutit.

c) Lisage vett 1–2 supilusikatäit korraga, et sibul ja seened ei kleepuks.

d) Lisa küüslauk ja küpseta 1 minut. Maitsesta soolaga.

e) Kui seened küpsevad, lisa 4 tortillat mittenakkuvale pannile ja kuumuta neid mõni minut, kuni need pehmendavad.

f) Pöörake need ümber ja kuumutage veel 2 minutit. Eemalda

41. Tomato Risotto & Portobello seen

KOOSTISOSAD:
- 1 nael värskeid tomateid; poolitatud ja seemnetega
- Nirista oliiviõli
- soola
- Värskelt jahvatatud must pipar
- 4 portobello seeni; tüvestatud ja puhastatud
- 1 nael vegan juustu; viilutatud
- 1 spl Oliiviõli
- 1 tass hakitud sibulat
- 6 tassi vett
- 1 tl Hakitud küüslauk
- 1 nael Arborio riisi
- 1 spl soolata taimset võid
- ¼ tassi taimset rasket koort
- 3 supilusikatäit hakitud rohelist sibulat

JUHISED:

a) Kuumuta grill 400 kraadini. Segage kaussi tomatid oliiviõli, soola ja pipraga. Asetage grillile ja küpsetage 2–3 minutit mõlemalt poolt. Tõsta grillilt ja tõsta kõrvale. Kuumuta ahi 400 kraadini.

b) Aseta portobello seen küpsetuspaberiga kaetud ahjuplaadile, süvend ülespoole. Määri seente mõlemad pooled oliiviõliga.

c) Maitsesta mõlemalt poolt soola ja pipraga. Lehvitage veerand vegan juustu iga seeneõõnsuse kohal.

d) Aseta ahju ja küpseta, kuni seened on pehmed ja juust kihisev, umbes 10 minutit. Kuumuta oliiviõli praepannil mõõdukal kuumusel.

e) Lisa sibulad. Maitsesta soola ja pipraga. Prae kuni sibul on kergelt pehme, umbes 3 minutit.

f) Lisa vesi ja küüslauk. Kuumuta segu keemiseni, alanda kuumust keskmisele ja hauta umbes 6 minutit.

g) Lisa riis ja hauta pidevalt segades, kuni segu on kreemjas ja mullitav, umbes 18 minutit. Segage taimne või, taimne koor, vegan juust ja roheline sibul.

h) Hauta pidevalt segades umbes 2 minutit. Tõsta tulelt ja sega hulka tomatid. Serveerimiseks lõika iga portobello neljandikku. Tõsta lusikaga risoto igasse serveerimisnõusse. Laota 2 viilu portobellot risoto peale.

i) Kaunista peterselliga.

42. Seene guljašš

KOOSTISOSAD:
- 1 spl oliiviõli
- 1 suur kollane sibul, hakitud
- 3 küüslauguküünt, hakitud
- 1 suur rusikas kartul, lõigatud 1/2-tollisteks kuubikuteks
- 4 suurt Portobello seeni, kergelt loputatud, kuivaks patsutatud ja 1-tollisteks tükkideks lõigatud
- 1 spl tomatipastat
- 1/2 tassi kuiva valget veini
- 1 1/2 sl magusat ungari paprikat
- 1 tl köömneid
- 1 1/2 tassi värsket või konserveeritud hapukapsast, nõrutatud
- 1 1/2 tassi köögiviljapuljongit, omatehtud (vt Kerge köögiviljapuljong) või poest ostetud või vett Sool ja värskelt jahvatatud must pipar
- 1/2 tassi vegan hapukoort, omatehtud (vt Tofu hapukoor) või poest ostetud

JUHISED:
a) Kuumuta suures potis õli keskmisel kuumusel. Lisa sibul, küüslauk ja kartul. Katke ja küpseta, kuni see on pehmenenud, umbes 10 minutit.
b) Lisa seened ja küpseta kaaneta 3 minutit kauem. Segage tomatipasta, vein, paprika, köömned ja hapukapsas. Lisa puljong ja lase keema tõusta, seejärel alanda kuumust ja maitsesta maitse järgi soola ja pipraga.
c) Kata kaanega ja hauta, kuni köögiviljad on pehmed ja maitse on arenenud, umbes 30 minutit.
d) Tõsta väikesesse kaussi umbes 1 tass vedelikku. Lisa hapukoor, sega ühtlaseks. Sega hapukooresegu tagasi kastrulisse ja maitsesta, vajadusel maitseaineid reguleerides.
e) Serveeri kohe.

43. Kondiitritoodetesse pakitud portobellod

KOOSTISOSAD:
- 5 suurt Portobello seeni, kergelt loputatud ja kuivaks patsutatud
- 2 spl oliiviõli
- 1 keskmine hunnik rohelist sibulat, hakitud
- 1/2 tassi peeneks hakitud kreeka pähkleid
- 1 spl sojakastet
- 1/2 tassi kuiva maitsestamata leivapuru
- 1/2 tl kuivatatud tüümiani
- Sool ja värskelt jahvatatud must pipar
- 1 leht külmutatud lehttainast, sulatatud

JUHISED:
a) Varre seened ja varu. Kraabi seentelt ettevaatlikult välja lõpused ja tõsta 4 seenekübarat kõrvale. Haki viies seen ja reserveeritud varred ning tõsta kõrvale.

b) Kuumuta suurel pannil keskmisel kuumusel 1 spl õli. Lisa tükeldatud seened, roheline sibul ja kreeka pähklid ning kuumuta segades 5 minutit. Tõsta suurde kaussi ja tõsta kõrvale jahtuma.

c) Kuumutage samal pannil ülejäänud 1 spl õli. Lisa reserveeritud seenekübarad ja küpseta, kuni need kergelt pehmenevad. Piserdage sojakastmega ja küpseta, kuni vedelik aurustub. Tõsta paberrätikutele jahtuma ja tühjenda vedelik.

d) Lisa keedetud seenesegule riivsai, tüümian ning maitse järgi soola ja pipart. Segage hästi ja pange seejärel kõrvale, kuni see on täielikult jahtunud. Kuumuta ahi temperatuurini 425 ° F.

e) Voldi lehttaignaleht kergelt jahusel tööpinnal lahti ja veerandi. Rulli iga tainatükk 5-tollise ruudu saamiseks veidi lahti.

f) Keskenduge iga seenekübar kondiitriplaadile, lõpuse pool üleval. Suru igasse seenekübara sisse üks neljandik täidisesegust. Voldi tainas iga seene peale, et see kattuks veidi. Tihendamiseks suruge servad kokku. Asetage kimbud, õmblusega pool allpool, küpsetusplaadile.

g) Kasutage kondiitritoodete ülaosasse väikese noaga paar väikest auruava.

h) Küpseta kuni küpsetis on kuldpruun, umbes 12 minutit.

i) Serveeri kohe.

44. Kartuli ja artišoki – täidisega portobello seened

KOOSTISOSAD:
- 1 nael Yukon Gold kartuleid, kooritud ja lõigatud 1/2-tollisteks kuubikuteks
- 1 spl vegan margariini
- 2 supilusikatäit toitainepärmi
- Sool ja värskelt jahvatatud must pipar
- 11/2 tassi konserveeritud või keedetud külmutatud artišokisüdameid
- 2 spl oliiviõli
- 1/2 tassi hakitud sibulat
- 3 küüslauguküünt, hakitud
- 1 tl hakitud värsket tüümiani või 1/2 tl kuivatatud
- 4 suurt Portobello seenekübarat, kergelt loputatud ja kuivaks patsutatud

JUHISED:

a) Aurutage kartuleid pehmeks, umbes 15 minutit. Tõsta aurutatud kartulid suurde kaussi. Lisage margariin, toitev pärm ning maitse järgi soola ja pipart. Püreesta hästi. Haki keedetud või konserveeritud artišokisüdamed peeneks ja lisa kartulitele. Sega segamiseks ja tõsta kõrvale.

b) Kuumuta ahi temperatuurini 375 ° F. Määri 9 x 13-tolline küpsetuspann kergelt õliga ja tõsta kõrvale. Kuumuta suurel pannil keskmisel kuumusel 1 spl õli. Lisage sibul, katke ja küpseta, kuni see on pehmenenud, umbes 5 minutit.

c) Lisa küüslauk ja küpseta ilma kaaneta 1 minut kauem. Lisage tüümian ning maitse järgi soola ja pipart. Küpseta 5 minutit, et maitsed seguneksid.

d) Segage sibula segu kartulisegu hulka ja segage, kuni see on hästi segunenud.

e) Kasutage teelusika serva, et seenekübarate alumiselt küljelt pruunid lõpused välja kraapida ja ära visata. Tõsta täidisesegu ettevaatlikult lusikaga seenekübaratesse, pakkides need tihedalt kokku ja siludes pealsed.

f) Tõsta täidetud seened ettevalmistatud ahjupannile ja nirista peale ülejäänud 1 spl õli.

g) Puista peale paprika, kata tihedalt fooliumiga ja küpseta, kuni seened on pehmenenud ja täidis kuum, umbes 20 minutit.

h) Katke ja küpseta, kuni täidis on kergelt pruunistunud, umbes 10 minutit kauem. Serveeri kohe.

45. Sealihavorstid seentega

KOOSTISOSAD:
- 2 suurt Portobello seeni
- 6 untsi sealiha vorstid
- ½ tassi marinara kastet
- ½ tassi täispiima ricotta juustu
- ½ tassi täispiimast mozzarella juustu, hakitud
- ¼ tassi peterselli, hakitud

JUHISED:
a) Täida iga seen sealihavorstiga.
b) Aseta ricotta juust vorstide peale ja lõika keskele mõlk.
c) Nirista marinara kastet ricotta juustu peale.
d) Kata pealt mozzarella juustuga ja aseta seened kiirpotti.
e) Kinnitage kaas, valige funktsioon "käsitsi" ja küpseta 35 minutit kõrgel rõhul.
f) Laske aur välja loomulikul viisil, seejärel eemaldage kaas.
g) Serveeri kohe.

46. KõrvitsFarro Pilaf Portobellosega

KOOSTISOSAD:
- 1 tass kiirelt küpsetatud farrot
- 1 tass suhkrukõrvitsat, lõigatud 1/2-tollisteks tükkideks
- 1 tass portobello seeni, hakitud
- 1 keskmine sibul
- 2 tassi kana puljongit
- 3 hakitud küüslauguküünt
- 1 supilusikatäit oliiviõli
- 1/2 tl kurkumit
- 1/4 tl suitsutatud paprikat
- parmesani juust
- soola ja pipart maitse järgi

JUHISED:
a) Lisa suurele pannile oliiviõli ja sibul. Prae 5-7 minutit madalal kuumusel, kuni see on kergelt pruunistunud ja karamelliseerunud

b) Ja kõrvits, seened, suitsupaprika ja küüslauk. Jätka praadimist 5 minutit, kuni seened on pehmenenud.

c) Lisa farro, salvei ja 2 tassi kanapuljongit (vegan puljong). Hauta keskmisel madalal kuumusel 15 minutit, kuni vedelik on farrost läbi imbunud. Lülitage välja ja katke kaanega. Lase veel 10 minutit aurutada.

d) Maitsesta soola ja pipraga maitse järgi. Kohev kahvliga, peale parmesani juust ja veel salvei.

47. Grillivorst ja Portobello

KOOSTISOSAD:
- 2 naela tomatid; pooleks
- 1 suur Portobello seen
- 1 spl Taimeõli
- 1 tl Sool; jagatud
- 1 nael Magusad Itaalia vorstid
- 2 supilusikatäit oliiviõli
- 1 tl hakitud küüslauk
- ¼ teelusikatäit tüümiani
- ¼ tl Värskelt jahvatatud pipart
- 1 nael Rigatoni

JUHISED:
a) Kuumuta grill
b) Pintselda tomatid ja seened taimeõliga ning maitsesta ½ tl soolaga. Grilli mõõdukalt kuumal kuumusel, kuni see on pehme, 5–10 minutit tomatite ja 8–12 minutit seente puhul. Grillige vorste 15–20 minutit, keerates üks kord.
c) Tükeldatud tomatid; segment vorstid ja seened; Lülituge suurele tassile. Sega juurde oliiviõli, küüslauk, ülejäänud ½ tl soola, tüümian ja pipar.
d) Sega kuuma rigatoniga.

48. Portobello Firenze

KOOSTISOSAD:
- 1 partii grillitud portobello seeni
- 2 tassi lillkapsa õisikuid (alates ½ keskmisest peast)
- ¼ tassi köögiviljapuljongit või madala naatriumisisaldusega köögiviljapuljongit
- 2 spl värsket sidrunimahla
- ⅛ tl cayenne'i pipart
- 1 kilo värsket spinatit
- Sool ja värskelt jahvatatud must pipar maitse järgi

JUHISED:
a) Sega keskmises kastrulis lillkapsas, köögiviljapuljong, sidrunimahl ja Cayenne'i pipar ning kuumuta kõrgel kuumusel keema. Alanda kuumust keskmisele ja küpseta, kuni lillkapsas on pehme, umbes 8–10 minutit. Püreesta segu blenderiga või tõsta tihedalt suletava kaanega blenderisse ja kata rätikuga, püreesta kreemjaks ning tõsta lillkapsa hollandaise pannile sooja hoidma.
b) Lisa spinat suurde potti ¼ tassi veega. Küpseta kaanega keskmisel-madalal kuumusel, kuni spinat närbub. Nõruta ning maitsesta soola ja pipraga.
c) Serveerimiseks asetage igale neljale taldrikule grillitud portobello seen ja jagage spinat seente vahel. Tõsta kaste lusikaga spinatile ja serveeri kuumalt.

49. Goji marjade ja spinati täidisega seened

KOOSTISOSAD:
- Suured seened (nt cremini või portobello)
- 1 tass värsket spinatit, hakitud
- 1/4 tassi goji marju
- 1/4 tassi riivsaia
- 2 spl riivitud parmesani juustu
- 2 spl hakitud värsket peterselli
- Sool ja pipar maitse järgi

JUHISED:
a) Kuumuta ahi temperatuurini 375 °F (190 °C) ja vooderda küpsetusplaat küpsetuspaberiga.
b) Eemalda seentelt varred ja tõsta kõrvale.
c) Sega kausis tükeldatud spinat, goji marjad, riivsai, parmesani juust, petersell, sool ja pipar.
d) Täida iga seenekübar spinati ja goji marja seguga.
e) Asetage täidetud seened ettevalmistatud ahjuplaadile.
f) Küpseta 15-20 minutit või kuni seened on pehmed ja täidis kuldpruun.
g) Võta ahjust välja ja lase neil enne serveerimist veidi jahtuda.

50. Portobellod, krevetid ja farro kausid

KOOSTISOSAD:
- 1 tass (165 g) pärlitega farrot
- 2½ tassi (590 ml) vett
- Koššersool ja värskelt jahvatatud pipar
- 2 suurt portobello seenekübarat, lõigatud ½ tolli (1,3 cm) paksusteks viiludeks
- 2 keskmist suvikõrvitsat, viilutatud ½ tolli (1,3 cm) paksusteks ringideks
- 1 punane paprika, südamikust puhastatud ja õhukesteks viiludeks lõigatud
- 3 supilusikatäit (45 ml) avokaado- või ekstra neitsioliiviõli, jagatud
- 2 spl (30 ml) palsamiäädikat
- 1 tl (6 g) mett 2 küüslauguküünt, hakitud
- 1 nael (455 g) krevette, kooritud ja tükeldatud
- Mikrorohelised
- ½ tassi (120 ml) avokaadokastet

JUHISED:
a) Kuumuta ahi temperatuurini 400 °F (200 °C või gaasimärgis 6).
b) Lisage farro, vesi ja näputäis soola keskmisesse kastrulisse. Kuumuta keemiseni, seejärel alanda kuumust, kata kaanega ja hauta, kuni farro on kergelt närides pehme, umbes 30 minutit.
c) Vahepeal raputa seened, suvikõrvits ja paprika 2 spl (30 ml) õli, soola ja pipraga. Laota ühe kihina ääristatud ahjuplaadile. Rösti kuni pehme ja kergelt pruunistunud, umbes 20 minutit, poole peal ümberpööramine.
d) Klopi väikeses kausis kokku palsamiäädikas ja mesi; kõrvale panema. Kuumutage ülejäänud 1 supilusikatäis (15 ml) õli suurel pannil keskmisel-kõrgel kuumusel. Lisa küüslauk ja küpseta pidevalt segades umbes 30 sekundit, kuni see lõhnab. Vala hulka balsamico ja mee segu, lisa krevetid ja sega katteks. Küpseta aeg-ajalt viskades, kuni see muutub läbipaistmatuks ja läbiküpseks, 3–5 minutit.
e) Serveerimiseks jaga farro kausside vahel. Lisa röstitud köögiviljad, krevetid ja mikrorohelised, seejärel nirista avokaadokastmega.

51.Seene veiseliha karbonaad

KOOSTISOSAD:
- 2 supilusikatäit pluss 1-1/2 tl rapsiõli, jagatud
- 1–1/2 naela veiseliha hautatud liha, lõigatud 1-tollisteks kuubikuteks
- 3/4 tl soola
- 1/4 tl pluss 1/8 tl pipart
- 3 keskmist sibulat, hakitud
- 1–1/4 naela portobello seeni, varred eemaldatud, lõigatud 3/4-tollisteks kuubikuteks
- 4 küüslauguküünt, hakitud
- 2 spl tomatipastat
- 1/2 naela värsket porgandit
- 1 paks viil ühepäevast rukkileiba, murendatud (umbes 1-1/2 tassi)
- 3 loorberilehte
- 1-1/2 tl kuivatatud tüümiani
- 1 tl veisepuljongi graanuleid
- 1 pudel (12 untsi) heledat õlut või veiselihapuljongit
- 1 tass vett
- 1 unts kibemagusat šokolaadi, riivitud

JUHISED:

a) Eelsoojendamiseks keerake kuumus 325 ° -ni. Kuumutage ahjukindlas Hollandi ahjus keskmisel-kõrgel kuumusel 2 spl õli. Maitsesta veiseliha pipra ja soolaga; küpseta partiidena kuni pruunistumiseni. Võtke keedetud veiseliha lusikaga välja. Alanda kuumust keskmisele. Prae sibulat tilgutades sageli segades umbes 8 minutit, kuni see on tumekuldne. Segage ülejäänud õli; lisa küüslauk ja seened.

b) Prae, kuni vedelik on eraldunud ja seened hakkavad pruuniks muutuma.

c) Sega hulka tomatipasta.

d) Lisa puljong, tüümian, loorberilehed, leib ja porgand. Vala vesi ja õlu; hästi segades, et pruunistunud tükid pannilt lahti tuleks. Lase keema tõusta; lisa pannile tagasi veiseliha.

e) Kata kaanega ja küpseta 2 tundi kuni 2 tundi ja 15 minutit, kuni liha on pehme. Võtke pann välja; eemalda loorberilehed. Sega šokolaadi hulka kuni sulamiseni.

52. Northwoodsi veiselihahautis

KOOSTISOSAD:
- 3 suurt porgandit, lõigatud 1-tollisteks tükkideks
- 3 selleriribi, lõigatud 1-tollisteks tükkideks
- 1 suur sibul, viiludeks lõigatud
- 1/4 tassi universaalset jahu
- 1/2 teelusikatäit soola
- 1/4 tl pipart
- 3-1/2 naela veiseliha hautist liha
- 1 purk (10-3/4 untsi) kondenseeritud tomatisupp, lahjendamata
- 1/2 tassi kuiva punast veini või veiselihapuljongit
- 2 spl kiirelt valmivat tapiokki
- 1 spl itaalia maitseainet
- 1 spl paprikat
- 1 spl pruuni suhkrut
- 1 spl veisepuljongi graanuleid
- 1 spl Worcestershire'i kastet
- 1/2 naela viilutatud beebiportobello seeni
- Kuumad keedetud munanuudlid

JUHISED:
a) Asetage sibul, seller ja porgand 5-liitrisesse aeglasesse pliiti. Kombineerige pipar, sool ja jahu suures taassuletavas kilekotis. Lisage paar veiseliha tükki korraga ja loksutage, kuni see on kaetud. Asetage kaetud veiseliha köögiviljadele.
b) Sega väikeses kausis Worcestershire'i kaste, puljong, pruun suhkur, paprika, Itaalia maitseaine, tapiokk, vein ja supp. Vala
c) segu peal.
d) Küpseta kaanega madalal kuumusel, kuni veiseliha ja köögiviljad on pehmed, umbes 8–10 tundi, lisades seeni viimase tunni jooksul. Serveeri koos nuudlitega.

53. Draakoni puuvilitäidisega Portobello seened

KOOSTISOSAD:
- 4 suurt Portobello seeni
- 1 draakoni vili, kooritud ja kuubikuteks lõigatud
- 1 tass keedetud kinoat või riisi
- 1/4 tassi murendatud fetajuustu
- 2 spl hakitud värsket basiilikut
- 2 spl balsamico glasuuri
- Sool ja pipar maitse järgi

JUHISED:
a) Kuumuta ahi temperatuurini 375 °F (190 °C).
b) Eemaldage Portobello seentelt varred ja puhastage need.
c) Sega kausis kuubikuteks lõigatud draakonivili, keedetud kinoa või riis, murendatud fetajuust, hakitud värske basiilik, balsamico glasuur, sool ja pipar.
d) Sega hästi, kuni kõik koostisosad on ühendatud.
e) Täitke iga Portobello seeni draakoni puuviljaseguga.
f) Aseta täidetud seened küpsetuspaberiga kaetud ahjuplaadile.
g) Küpseta eelkuumutatud ahjus 20-25 minutit või kuni seened on pehmed ja täidis läbi kuumenenud.
h) Serveerige täidetud Portobello seeni maitsva ja rahuldava pearoana.

54. Seenejuust-Steikid

KOOSTISOSAD:
- 2 spl soolata võid
- 1 suur kollane sibul õhukesteks viiludeks
- 1 spl madala naatriumisisaldusega sojakastet
- 4 portobello seeni, viilutatud
- 2 küüslauguküünt, peeneks hakitud
- 2 poblano paprikat, viilutatud
- 1 punane paprika, viilutatud
- 1 spl hakitud värsket pune
- Koššersool ja värskelt jahvatatud pipar
- 4 hoagie rulli, poolitatud
- 4 viilu provolone juustu
- Nami-nami kaste

JUHISED:
a) Aeglase pliidi potis segage või, sibul ja sojakaste. Lisage seened, küüslauk, poblano paprika, paprika, pune ja näputäis soola ja pipart. Katke ja küpseta, kuni köögiviljad on pehmed, umbes 4 tundi madalal ja 2 kuni 3 tundi kõrgel.
b) Kuumuta ahi 400 °F-ni.
c) Jagage seened ja paprikad hoagie rullide vahel ja seejärel lisage provolone juustuga. Mähi iga hoagie küpsetuspaberisse, seejärel fooliumisse ja aseta otse ahjurestile, kuni juust on sulanud, umbes 5 minutit.
d) Serveeri kohe, soovi korral koos yum yum kastmega.

55.Grillitud seened apteegitilli ja sibularõngastega

KOOSTISOSAD:
- 100 ml grillkastet
- 2 tl chipotle pasta
- 4 Portobello seeni, varred eemaldatud
- Taimeõli, praadimiseks
- Apteegitilli salati jaoks
- 80 g apteegitilli, peeneks viilutatud
- 80 g punast kapsast, peeneks hakitud
- 80 g porgandit, riivitud
- 3 supilusikatäit majoneesi
- 1 spl valge veini äädikat
- Meresool ja värskelt jahvatatud must pipar
- Sibularõngaste jaoks
- 150g isekerkivat jahu
- 1 tl kuivatatud tüümiani
- 1 tl küüslaugu graanuleid
- 225 ml külma mullivett
- 1 väike sibul, kooritud ja paksult rõngasteks viilutatud

JUHISED:

a) Kuumuta ahi 200°C/180°C ventilaator/gaas 6. Asetage küpsetuspann kõrgele kuumusele.

b) Sega kausis grillkaste ja chipotle pasta kokku. Määri kondiitripintsli abil seente mõlemad pooled kastmeseguga. Pange seened küpsetusplaadile mõlemalt poolt 2–3 minutiks või kuni need on söestunud.

c) Vahepeal pane kõik kõrtsi jaoks mõeldud köögiviljad koos majoneesi ja äädikaga suurde kaussi. Maitsesta soola ja pipraga, sega korralikult läbi ja tõsta kõrvale.

d) Tõsta seened koos kaussi jäänud grillkastmega röstimisalusele. Aseta 10–12 minutiks ahju.

e) Täitke väike pann poolenisti taimeõliga ja asetage see kõrgele tulele.

f) Vahepeal pane kaussi jahu, tüümian ja küüslauk ning maitsesta soola ja pipraga. Klopi taignaks vahuvesi, seejärel lisa sibularõngad ja sega ettevaatlikult, et katta.

g) Kui õli on saavutanud 180–190°C või tilk taignast kohe säriseb, lisa ettevaatlikult korraga neli-viis sibularõngast ja küpseta 2–3 minutit või mõlemalt poolt kuldpruuniks. Nõruta majapidamispaberil ja küpseta ülejäänud rõngad samamoodi.

h) Jaota seened, kapsasalat ja sibularõngad serveerimistaldrikutele. Enne serveerimist puista rõngastele veidi lisasoola.

56. Tomato Risotto Ja Seened

KOOSTISOSAD:
- 1 nael Värsked tomatid; poolitatud ja seemnetega
- Nirista oliiviõli
- soola
- Värskelt jahvatatud must pipar
- 4 kandjat Portobello seened; tüvestatud ja puhastatud
- 1 nael Värske mozzarella juust; viilutatud
- 1 supilusikatäis Oliiviõli
- 1 tass Tükeldatud sibul
- 6 tassi Vesi
- 1 teelusikatäis Hakitud küüslauk
- 1 naela Arborio riis
- 1 supilusikatäis Soolata või
- ¼ tassi Raske koor
- ½ tassi värskelt riivitud Parmigiano-Reggiano juustu
- 3 supilusikatäit Tükeldatud roheline sibul;

JUHISED:

a) Kuumuta grill 400 kraadini. Segage kaussi tomatid oliiviõli, soola ja pipraga. Asetage grillile ja küpsetage 2–3 minutit mõlemalt poolt. Tõsta grillilt ja tõsta kõrvale. Kuumuta ahi 400 kraadini.

b) Asetage Portobello seen pärgamendile – vooderdatud ahjuplaadile, süvend ülespoole. Nirista seente mõlemad pooled oliiviõliga üle.

c) Maitsesta mõlemalt poolt soola ja pipraga. Lehvita veerand juustust üle iga seeneõõnsuse.

d) Aseta ahju ja küpseta, kuni seened on pehmed ja juust kihisev, umbes 10 minutit. Kuumuta oliiviõli suurel praepannil keskmisel kuumusel.

e) Lisa sibulad. Maitsesta soola ja pipraga. Prae kuni sibul on kergelt pehme, umbes 3 minutit.

f) Lisa vesi ja küüslauk. Kuumuta segu keemiseni, alanda kuumust keskmisele ja hauta umbes 6 minutit.

g) Lisa riis ja hauta pidevalt segades, kuni segu on kreemjas ja mullitav, umbes 18 minutit. Segage või, koor, juust ja roheline sibul.

h) Hauta pidevalt segades umbes 2 minutit. Tõsta tulelt ja sega hulka tomatid.

57.Uus-Meremaa liha- ja seenepirukas

KOOSTISOSAD:
TÄIDISEKS:
- 1/4 tassi (60 ml) taimeõli
- Veidi rohkem kui 1 nael (500 g) veisehakkliha
- 1 sibul, peeneks hakitud
- 2 küüslauguküünt, väga peeneks hakitud
- 2 suurt Portobello seeni, peeneks hakitud
- 2 porgandit, kooritud ja kuubikuteks lõigatud
- 2 sellerivart, nööridest lahti lõigatud ja viilutatud
- 1 väike peotäis peeneks hakitud peterselli
- 1 väike peotäis sellerilehti, peeneks hakitud
- 1 spl peeneks hakitud värsket pehmet tüümiani
- 1 spl värsket rosmariini, peeneks hakitud
- 1/2 supilusikatäit kuuma inglise sinepit
- 2 spl tomatipastat
- 1/4 tl jahvatatud Horopito lehti või maitse järgi
- 1 1/4 teelusikatäit (7 g) Maldoni meresoolahelbeid
- 3 3/4 teelusikatäit (20 g) maisitärklist
- 2 1/2 naela (1,2 kg) või-lehttainast
- 1 tass (120 g) jämedalt riivitud cheddarit
- 1 muna, kergelt lahtiklopitud

Rikkaliku VEISE LIHAVARU KOHTA:
- 1 1/2 supilusikatäit taimeõli
- 10 1/2 untsi (300 g) veiseliha jääke, kuubikuteks lõigatud
- 3 1/2 untsi (100 g) peekonitükk, lõigatud 3 cm kuubikuteks
- 1 sibul, koorimata, õhukesteks viiludeks
- 5 küüslauguküünt, koorimata, poolitatud
- 6 tüümianioksa
- 3 värsket loorberilehte
- 1 tl musta pipra tera
- 1/4 tassi (65 ml) brändit
- 6 1/2 tassi (1 1/2 liitrit) parima kvaliteediga kanapuljongit

JUHISED:
VALMISTA RIKKAS VEISELIHAVARU:
a) Kuumuta suures potis taimeõli ning pruunid veiselihajäägid ja peekon. Lisa viilutatud sibul, küüslauk, tüümian, loorberilehed ja musta pipraterad. Küpseta, kuni sibul on pehme. Lisa brändi ja küpseta, kuni see aurustub.
b) Vala kanapuljong ja hauta umbes 1 tund. Kurna ja tõsta kõrvale.
VALMISTA TÄIDIS:
c) Kuumuta suurel pannil taimeõli. Lisa veisehakkliha ja küpseta pruuniks. Lisa hakitud sibul, küüslauk, seened, porgand ja seller. Küpseta, kuni köögiviljad on pehmed.
d) Sega petersell, sellerilehed, tüümian, rosmariin, sinep, tomatipasta, horopito lehed (kui kasutad) ja sool. Sega hästi.
e) Lahusta maisitärklis väheses vees ja lisa segule. Küpseta, kuni segu pakseneb. Eemaldage kuumusest ja laske jahtuda.
KOKKUVÕTE PIRK:
f) Kuumuta ahi lehttaigna jaoks soovitatud temperatuurini.
g) Rulli lehttainas lahti ja vooderda pirukavormi põhi. Täida jahtunud lihaseguga, puista peale riivitud cheddar.
h) Kata teise lehttaigna kihiga. Sulgege servad ja pintselda lahtiklopitud munaga.
i) Küpseta eelkuumutatud ahjus, kuni küpsetis on kuldpruun ja läbi küpsenud.
j) Serveerige Uus-Meremaa lihapirukat kuumalt, kastmiseks lisage kõrvale rikkalikku veiselihapuljongit.

58. Seenekaste munanuudlite peal

KOOSTISOSAD:
- 3 supilusikatäit oliiviõli
- 1 kollane sibul, hakitud
- ½ tassi hakitud sellerit
- ½ tassi hakitud porgandit
- 1 kilo viilutatud cremini seeni
- 12 untsi portobello seeni, viilutatud
- 14,5-untsine purk tulel röstitud tomateid, tükeldatud ja nõrutatud
- ¾ tassi tomatikastet
- 2 tl hakitud värsket rosmariini või tüümiani
- ½ tl koššersoola
- ½ tl musta pipart
- ¼ tassi kuiva punast veini
- 1 spl madalama naatriumisisaldusega sojakastet
- 8 untsi pakk täistera eriti laia munanuudleid
- 1 unts parmesani juustu, riivitud
- Hakitud värske lamedaleheline petersell

JUHISED:
a) Kuumuta pannil mõõdukal kuumusel 2 supilusikatäit õli. Lisage pannile sibul, seller ja porgand; küpseta pidevalt segades, kuni segu hakkab pruunistuma, umbes 5 minutit. Asetage sibulasegu Crockpotti.
b) Kuumutage ülejäänud 1 supilusikatäis õli pannil mõõdukal kuumusel. Lisage seened; küpseta pidevalt segades kuni pehme, umbes 8 minutit.
c) Tõsta seenesegu köögikombaini ja pulbi, kuni see on umbes 5 korda jämedalt hakitud. Lisage Crockpotti seened, tomatid, tomatikaste, rosmariin, sool ja pipar. Sega juurde vein ja sojakaste. Keeda kaanega aeglaselt, kuni segu on veidi paksenenud, umbes 6 tundi.
d) Samal ajal küpseta munanuudlid vastavalt pakendi juhistele. Serveeri seenekaste kuumade nuudlite peale. Puista iga portsjon juustuga. Kaunista peterselliga.

59. Vürtsikad suitsutatud tofu salatitopsid

KOOSTISOSAD:
- 2 spl taimeõli
- 1 spl seesamiõli
- 1 sibul, kooritud ja kuubikuteks lõigatud
- 4 küüslauguküünt, kooritud ja purustatud
- 250 g beebimaisi, paksult viilutatud
- 250 g Portobello seeni, kuubikuteks
- 2 spl Shaoxingi riisiveini
- 400g suitsutatud tofut, murendatud
- 80 g vesikastanit, jämedalt hakitud
- 3 spl sojakastet
- 2 spl sriracha tšillikastet
- 1 spl riisiäädikat
- 2 suurt peotäit oabõrseid
- Suur peotäis koriandrit, jämedalt hakitud
- Serveerima
- 2 jäämäge või ümmargust salatilehte või 4 väikest kalliskivilehte
- 1 punane tšilli, seemnetest puhastatud, kui soovid mahedamat lööki, peeneks viilutatud
- Peotäis krõbedaks praetud sibulat

JUHISED:

a) Asetage suur, mittenakkuva vokkpann kõrgele kuumusele. Kuumalt suitsetades lisa õlid, seejärel sibul ja prae segades 1–2 minutit. Lisa küüslauk ja maisi ning prae segades 1–2 minutit. Lisa seened ja riisivein ning prae segades veel 2 minutit.

b) Puista pannile tofu ja sega juurde vesikastanid. Lisa sojakaste, sriracha ja riisiäädikas ning prae segades 1–2 minutit enne ubade lisamist. Prae segades veel minut aega, tõsta tulelt ja sega sisse koriander.

c) Serveeri tofusegu kaussides, mille kõrvale jäävad salatilehed. Enne serveerimist puista üle punase tšilli ja krõbeda sibulaga.

PIZZA

60. Grillitud Pizza Valge Portobellos

KOOSTISOSAD:
- 1 spl Plus 1 tl küüslauku; hakitud
- Neitsioliiviõli
- 4 4-tollist portobello seente vart on ära visatud
- 20 viilu baklažaani; lõika ⅛" paksuseks
- 2 tassi hakitud fontina juustu lahtiselt pakitud
- ¾ tassi värskelt riivitud parmesani juustu
- ½ tassi Gorgonzola juustu; murenenud
- Pitsa tainas
- ¼ tassi lamedate lehtedega peterselli; hakitud

JUHISED:

a) Valmistage ette lehtpuusöe tuli ja seadke grillrest 3–4 tolli söe kohal.

b) Sega kausis küüslauk ¼ tassi oliiviõliga. Pintselda rohkelt õli seentele ja baklažaanidele.

c) Teises kausis viska kokku fontina, parmesan ja gorgonzola. Katke ja jahutage. Kui sütele hakkab ilmuma valge tuhk, on tuli valmis.

d) Grilli seeneкübaraid, kuni need on pehmed ja läbi küpsenud, umbes 4 minutit mõlemalt poolt. Grilli baklažaaniviile pehmeks, umbes kaks minutit mõlemalt poolt. Viiluta seeneкübarad ⅛ tolli paksuseks ja tõsta koos baklažaaniga kõrvale.

e) Jaga pitsa tainas neljaks võrdseks tükiks. Hoidke 3 tükki kaetud. Laota ja laota neljas taignatükk kätega suurele, kergelt õlitatud ääristamata küpsetusplaadile laiali, et moodustada 12-tolline vaba vorm, mille paksus on umbes 1/16 tolli; ära tee huuli.

f) Tõsta tainas õrnalt kuumale grillile, minuti jooksul hakkab tainas kergelt paisuma, alumine külg jäigeks ja tekivad grilljäljed.

g) Pöörake tangidega koorik kohe soojendatud ahjuplaadile ja pintseldage oliiviõliga. Puista koorele üks neljandik segatud juustudest, petersell ja grillitud köögiviljad.

h) Piserda pitsa oliiviõliga. Lükake pitsa tagasi kuumade söe poole, kuid mitte otse üle kõrge kuumuse saanud osade; kontrollige sageli alumist külge, et veenduda, et see ei söe. Pitsa valmib siis, kui juustud on sulanud ja köögiviljad läbi kuumutatud, 3–4 minutit.

i) Serveeri pitsa grillilt kuumalt. Ülejäänud pitsade valmistamiseks korrake protseduuri.

61. Mini Portobello pitsad

KOOSTISOSAD:
- 1 Viinapuu Tomat, õhukesteks viiludeks
- ¼ tassi värsket hakitud basiilikut
- Näputäis madala naatriumisisaldusega soola ja pipart
- 4 untsi vegan juustu
- 20 viilu Pepperoni
- 6 supilusikatäit oliiviõli
- 4 Portobello seenekübarat

JUHISED:
a) Kraabi välja kõik seene sisemus.
b) Kuumuta ahi kõrgel kuumusel ja pintselda seente siseküljed oliiviõliga. Maitsesta soola ja pipraga.
c) Prae seeni 3 minutit.
d) Pööra seened ümber ja pintselda oliiviõliga ning maitsesta soola ja pipraga .
e) Keeda veel 4 minutit.
f) Igasse seeni asetage tomati ja basiiliku leht.
g) Tõsta igale seenele 5 tükki pepperoni ja vegan juustu.
h) Hauta veel 2 minutit .

62. Portobello ja musta oliivi pitsa

KOOSTISOSAD:

- 1 pitsa tainas
- 2 spl oliiviõli
- 2 portobello seenekübarat, lõigatud ¼-tollisteks viiludeks
- 1 spl peeneks hakitud värsket basiilikut
- ¼ tl kuivatatud oreganot
- Sool ja värskelt jahvatatud must pipar
- ½ tassi pitsakastet või marinara kastet

JUHISED:

a) Tasandage kerkinud tainas veidi, katke see kile või puhta rätikuga ja asetage 10 minutiks kõrvale.

b) Asetage ahjurest ahju madalaimale tasemele. Kuumuta ahi 450 ° F-ni. Õlita kergelt pitsapann või küpsetusplaat.

c) Pöörake lõdvestunud tainas kergelt jahuga ülepuistatud tööpinnale ja tasandage kätega, sageli keerates ja jahustades, muutes sellest 12-tollise ringi. Olge ettevaatlik, et mitte üle pingutada, vastasel juhul jääb kooriku keskosa liiga õhukeseks. Tõsta tainas ettevalmistatud pitsapannile või küpsetusplaadile.

d) Kuumutage pannil mõõdukal kuumusel 1 spl õli.

e) Lisa seened ja küpseta, kuni need on pehmenenud, umbes 5 minutit. Eemaldage tulelt ja lisage basiilik, pune ning maitse järgi soola ja pipart. Sega juurde oliivid ja tõsta kõrvale.

f) Määri ülejäänud 1 supilusikatäis õli ettevalmistatud pitsatainale ja aja see sõrmeotstega ühtlaselt laiali. Vala peale pitsakaste, jaotades ühtlaselt umbes ½ tolli kaugusele taigna servast. Jaotage köögiviljasegu ühtlaselt kastmele, umbes ½ tolli kaugusele taigna servast.

g) Küpseta, kuni koor on kuldpruun, umbes 12 minutit. Lõika pitsa 8 viilu ja serveeri kuumalt.

63. Portobello pizza

KOOSTISOSAD:
- 1 keskmine tomat, viilutatud
- ¼ tassi basiilikut, hakitud
- 20 pepperoni viilu
- 4 Portobello seenekübarat
- 4 untsi mozzarella juustu
- 6 spl oliiviõli
- Must pipar
- soola

JUHISED:
a) Eemalda seentelt sisemus ja võta liha välja nii, et koor jääb alles.
b) Määri seened poole õliga ning maitsesta pipra ja soolaga; hauta 5 minutit, seejärel keera ümber ja määri üle jäänud õliga. Küpseta veel 5 minutit.
c) Lisage koore sisemusse tomat ja pange peale basiilik, pepperoni ja juust. Hauta 4 minutit, kuni juust sulab.
d) Serveeri soojalt.

64.Klassikaline Margherita Portobello pizza

KOOSTISOSAD:

- 4 suurt portobello seeni
- 1 tass marinara kastet
- 1 1/2 tassi mozzarella juustu, hakitud
- Värsked basiilikulehed, kaunistuseks
- Sool ja pipar maitse järgi

JUHISED:

a) Kuumuta ahi temperatuurini 400 °F (200 °C).
b) Eemaldage portobello seentelt varred ja asetage need ahjuplaadile.
c) Tõsta igasse seenekübara sisse marinara kastet.
d) Puista kastmele üle mozzarella juust.
e) Maitsesta soola ja pipraga maitse järgi.
f) Küpseta 15-20 minutit või kuni juust on sulanud ja kihisev.
g) Enne serveerimist kaunista värskete basiilikulehtedega.

65.Grill-kana Portobello pizza

KOOSTISOSAD:
- 4 suurt portobello seeni
- 1 tass keedetud kana, tükeldatud
- 1/2 tassi punast sibulat, õhukeselt viilutatud
- 1/2 tassi grillkastet
- 1 1/2 tassi cheddari juustu, hakitud
- Värske koriander, hakitud, kaunistuseks

JUHISED:
a) Kuumuta ahi temperatuurini 400 °F (200 °C).
b) Eemaldage portobello seentelt varred ja asetage need ahjuplaadile.
c) Sega tükeldatud kana grillikastmega.
d) Tõsta igasse seenekübara sisse lusikaga grillkana segu.
e) Kõige peale tõsta viilutatud punane sibul ja cheddari juust.
f) Küpseta 15-20 minutit või kuni juust on sulanud.
g) Enne serveerimist kaunista hakitud koriandriga.

66. Taimetoitlane Pesto Portobello Pizza

KOOSTISOSAD:
- 4 suurt portobello seeni
- 1/2 tassi pesto kastet
- 1 tass kirsstomateid, poolitatud
- 1/2 tassi musti oliive, viilutatud
- 1 1/2 tassi fetajuustu, purustatud
- Värske pune, kaunistuseks

JUHISED:
a) Kuumuta ahi temperatuurini 400 °F (200 °C).
b) Eemaldage portobello seentelt varred ja asetage need ahjuplaadile.
c) Määri iga seenekübara sisse pestokastet.
d) Lao peale poolitatud kirsstomatid ja viilutatud mustad oliivid.
e) Murenda köögiviljadele fetajuust.
f) Küpseta 15-20 minutit või kuni juust on kuldne ja kihisev.
g) Enne serveerimist kaunista värske oreganoga.

67.Lihasõprade Portobello pizza

KOOSTISOSAD:
- 4 suurt portobello seeni
- 1 tass marinara kastet
- 1/2 tassi pepperoni viilud
- 1/2 tassi keedetud vorsti, purustatud
- 1/2 tassi keedetud peekonit, tükeldatud
- 1 1/2 tassi mozzarella juustu, hakitud

JUHISED:
a) Kuumuta ahi temperatuurini 400 °F (200 °C).
b) Eemaldage portobello seentelt varred ja asetage need ahjuplaadile.
c) Tõsta igasse seenekübara sisse marinara kastet.
d) Laota peale pepperoni viilud, murendatud vorst ja hakitud peekon.
e) Puista katetele mozzarella juustu.
f) Küpseta 15-20 minutit või kuni juust on sulanud ja mullitav.
g) Enne serveerimist lase pitsadel veidi jahtuda.

VÕILEIVAD, BURGERID JA WRAPSID

68. Seenesteak võileib ja pesto

KOOSTISOSAD:
- 2 tassi külmutatud aedherneid
- 1 tass beebi raketi lehti
- 1 väike küüslauguküüs, kooritud
- ¼ tassi peeneks riivitud parmesani juustu
- ¼ tassi piiniaseemneid, röstitud
- 3 spl ekstra neitsioliiviõli
- 4 portobello seeni
- 4 viilu juuretisega leiba, röstitud
- Serveerimiseks kress ja raseeritud redis

JUHISED:
a) Nõruta keedetud herned ja tõsta ½ tassi herneid kõrvale. Pane ülejäänud herned, rukol, küüslauk, parmesan, seedermänniseemned ja 2 spl õli köögikombaini ning töötle püreeks. Maitsesta maitse järgi. Sega reserveeritud herned läbi hernepesto.
b) Aseta seened küpsetuspaberiga kaetud ahjuplaadile ja nirista peale ülejäänud õli. Asetage eelsoojendatud grilli alla ja küpsetage 2 minutit mõlemalt poolt, kuni see on kergelt pruunistunud.
c) Määri leivale hernepesto, tõsta peale seened, kress ja redis. Serveeri kohe.

69. Portobello seeneburger

KOOSTISOSAD:
- 4 portobello seenekübarat
- 2 spl palsamiäädikat
- 2 spl oliiviõli
- 2 küüslauguküünt, hakitud
- Sool ja pipar maitse järgi
- 4 burgeri kuklit
- Lisandid omal valikul (salat, tomat, juust jne)

JUHISED:

a) Sega madalas tassis kokku palsamiäädikas, oliiviõli, hakitud küüslauk, sool ja pipar.

b) Aseta portobello seenekübarad nõusse ja lase umbes 10 minutit marineerida, poole pealt ümber pöörates.

c) Eelkuumuta grill- või pliidipann keskmisel-kõrgel kuumusel.

d) Grilli seenekübaraid umbes 4-5 minutit mõlemalt poolt, kuni need on pehmed ja mahlased.

e) Rösti burgeri kuklid kergelt grillil või rösteris.

f) Pange burgerid kokku, asetades iga kukli alumisele poolele grillitud portobello seenekübara.

g) Katke oma eelistatud lisanditega.

h) Kata kukli ülemise poolega ja serveeri.

70. Metsiku seente burger

KOOSTISOSAD:
- 2 tl Oliiviõli
- 1 keskmine kollane sibul; peeneks hakitud
- 2 šalottsibul; kooritud ja hakitud
- ⅛ teelusikatäis soola
- 1 tass kuivatatud shiitake seeni
- 2 tassi Portobello seened
- 1 pakk Tofut
- ⅓ tassi röstitud nisuidud
- ⅓ tassi leivapuru
- 2 spl Lite sojakastet
- 2 spl Worcestershire'i kastet
- 1 tl Vedel suitsumaitseaine
- ½ tl granuleeritud küüslauku
- ¾ tassi Kiiresti valmiv kaer

JUHISED:
a) Prae sibulat, šalottsibulat ja soola oliiviõlis umbes 5 minutit.
b) Varrega pehmendatud shiitake seened; haki köögikombainis värskete seentega. Lisa sibulale.
c) Küpseta 10 minutit, aeg-ajalt segades, et vältida kleepumist.
d) Segage seened tofupüreega, lisage ülejäänud koostisosad ja segage hästi. Tee kleepumise vältimiseks käed märjaks ja vormi pätsikesed.
e) Küpseta 25 minutit, 15 minuti pärast keerake üks kord.

71. Marineeritud seente ja Haloumi burgerid

KOOSTISOSAD:
- 1 suur avokaado
- 1 sidruni peeneks riivitud koor ja mahl
- 2 spl oliiviõli
- 4 portobello seeni, varred kärbitud
- 1 küüslauguküüs, purustatud
- 4 tüümianioksa, lehed korjatud
- 1 pikk punane tšilli, seemned eemaldatud, peeneks hakitud
- 1 spl mett
- 2 spl õunasiidri äädikat
- 250 g haloumi, lõigatud 4 viiluks
- 4 burgeri kuklit, poolitatud ja kergelt röstitud
- Serveerimiseks majonees ja metsikud raketilehed

JUHISED:
a) Püreesta avokaado kahvliga ja maitsesta. Nirista poole sidrunimahlast püreestatud avokaadole ja tõsta see kõrvale.
b) Kuumuta suurel pannil keskmisel kuumusel 1 spl oliiviõli. Lisa portobello seened, maitsesta pipraga ja küpseta neid umbes 6 minutit või kuni need on veidi pehmenenud.
c) Lisa pannile ülejäänud 1 spl oliiviõli koos purustatud küüslaugu, tüümianilehtede, hakitud tšilli, sidrunikoore ja ülejäänud sidrunimahlaga. Küpseta seeni katteks keerates 2 minutit. Seejärel nirista peale mett, õunasiidri äädikat ja ½ tl soola.
d) Küpseta keerates veel 1 minut või kuni seened on hästi kaetud. Tõsta pann tulelt.
e) Asetage teine praepann keskmisele kuumusele. Lisa halloumi viilud ja küpseta neid keerates umbes 3 minutit või kuni need muutuvad kuldseks.

KOKKU BURGERID:
f) Jaga püreestatud avokaado röstitud burgeri kuklite alumiste poolte vahel.
g) Tõsta igaühele viil halloumit, keedetud portobello seeni, tükike majoneesi, peotäis metsikuid raketilehti ja burgeri kuklite ülemised pooled.
h) Nautige oma maitsvaid panni-marineeritud seente ja Haloumi burgereid!

72. Seenepesto burger

KOOSTISOSAD:
- 4 Portobello seenekübarat, varrega, tükid eemaldatud
- Spinati pesto
- 4 viilu sibulat
- 4 viilu tomatit
- 4 täistera hamburgeri kuklit

JUHISED:
a) Kuumuta ahi 400 °F-ni.
b) Pintselda seenekübarad mõlemalt poolt pestoga katteks ja aseta ääristatud ahjuplaadile.
c) Küpseta 15 kuni 20 minutit, kuni see on pehme.
d) Laota kuklitele kihiti seened koos tomatite ja sibulaga.

73. Haloumi Hash Burgerid lehtkapsa Aioliga

KOOSTISOSAD:
- 200g Desiree kartulit, kooritud, riivida, üleliigne vesi välja pressitud
- 250 g halloumi, riivitud
- 1 spl tavalist jahu
- 1 muna
- 4 suurt portobello seeni
- Ekstra neitsioliiviõli, tilgutamiseks
- 1 tass (300 g) aioli
- 2 tassi tükeldatud lehtkapsa lehti, blanšeeritud, värskendatud
- 4 rukkisaia, poolitatud, kergelt röstitud
- Serveerimiseks raketilehed ja Sriracha ehk tomatikaste

JUHISED:
a) Kuumuta oma ahi 220°C-ni.
b) Sega kausis riivitud kartul, riivitud halloumi, tavaline jahu ja muna. Maitsesta segu pipraga. Vormi segu küpsetuspaberiga kaetud ahjuplaadile neljaks ringiks.
c) Asetage plaat ahju ülemisele riiulile ja küpsetage, muutes räsipruunid poole peal, umbes 30 minutit või kuni need muutuvad kuldseks.
d) Vahepeal aseta portobello seened teisele ahjuplaadile, nirista peale oliiviõli ja maitsesta. Küpseta neid ahju alumisel riiulil (räsipruunide all) viimased 15 minutit või kuni need on küpsed.
e) Aseta aioli ja tükeldatud lehtkapsas väikesesse köögikombaini ja töötle, kuni segu muutub roheliseks ja hästi segunevaks.

KOKKU BURGERID:
f) Määri rukkileivarullide põhjad lehtkapsa aioliga.
g) Katke iga rull halloumi räsipruuni, rukolalehtede, röstitud seente, Sriracha (või tomatikastme) ja rullikaantega.
h) Nautige oma ainulaadseid ja maitsvaid Haloumi Hash burgereid koos Kale Aioliga!

74. Portobello itaalia subvõileib

KOOSTISOSAD:
- 8 suurt Portobello seeni, puhtaks pühitud
- 2 spl ekstra neitsioliiviõli
- Kosher sool
- 1 spl punase veini äädikat
- 1 spl peeneks hakitud pepperoncini seemnetega
- ½ tl kuivatatud oreganot
- Värskelt jahvatatud must pipar
- 2 untsi viilutatud provolooni (umbes 4 viilu)
- 2 untsi õhukeselt viilutatud madala naatriumisisaldusega sinki (umbes 4 viilu)
- 1 unts õhukeselt viilutatud Genova salaamit (umbes 4 viilu)
- 1 väike tomat, lõigatud 4 viiluks
- ½ tassi hakitud jääsalatit
- 4 pimentotäidisega oliivi

JUHISED:
a) Asetage ahjurest ahju ülemisse kolmandikku ja soojendage ahjubroilerit.
b) Eemaldage seentelt varred ja visake ära.
c) Asetage seenekübarad lõpuse küljega ülespoole ja kasutage terava noaga lõpuste täielikku eemaldamist (nii, et kübarad jääksid tasaseks).
d) Laota seenekübarad ahjuplaadile, pintselda üle 1 spl õliga ja puista peale ¼ tl soola.
e) Keeda, kuni korgid on pehmed, keerates pooleldi ümber, 4–5 minutit mõlemalt poolt. Lase täielikult jahtuda.
f) Sega väikeses kausis kokku äädikas, pepperoncini, pune, ülejäänud 1 supilusikatäis õli ja paar jahvatatud musta pipart.

KOKKU VÕILEIVAD
g) Aseta üks seenekübar, lõikepool üleval, tööpinnale. Voldi 1 tükk provolooni, et see mahuks korgi peale, ja korda sama singi ja salaami viiluga.
h) Tõsta peale 1 viil tomatit ja umbes 2 supilusikatäit salatit. Nirista peale veidi pepperoncini vinegretti. Võileib teise seenekübaraga ja kinnita oliiviga keermestatud hambatikuga. Korrake sama ülejäänud koostisosadega, et valmistada veel 3 võileiba.
i) Mähi iga võileib pooleldi vahapaberisse (see aitab kogu mahla kinni püüda) ja serveeri.

75. Bbq Bunless Veggie Burger

KOOSTISOSAD:
BURGERI PUHUL:
- 8 gurmeeburgerit
- Avokaado toiduõli
- 1 avokaado, viilutatud
- 4 portobello seeni
- 1 rõngasteks viilutatud sibul
- 4 viilu vegan Cheddari juustu
- Tomati kaste
- majonees

PEEDI- JA ÕUNASUUR:
- 2 peeti, kooritud ja riivitud
- 2 õuna, riivitud
- 1 tass hakitud punast kapsast
- 3 spl õunasiidri äädikat
- 2 tl orgaanilist toorsuhkrut
- 1 spl täistera sinepit
- 4 spl ekstra neitsioliiviõli
- ½ tassi värsket peterselli, peeneks hakitud
- ½ tassi värsket peterselli, peeneks hakitud
- ½ tl värskelt jahvatatud musta pipart
- Kaunistuseks viilutatud kornišonid

JUHISED:
a) Asetage kaussi peet, õun ja punane kapsas.
b) Lisage äädikas, suhkur, sinep, oliiviõli ja petersell. Kombineeri hästi. Maitsesta maitse järgi. Kõrvale panema.
c) Kuumuta grill. Küpseta köögiviljagurmeeburgereid, seeni ja sibularõngaid tilgakese avokaado toiduõliga.
d) Sega kokku tomatikaste ja majonees. Kõrvale panema.

KOOSTAMA
e) Kõigepealt aseta köögiviljaburgerile viil vegan juustu.
f) Sulata veganjuust grilli alla asetades või kuumuta mikrolaineahjus kuni sulamiseni.
g) Määri peale veidi tomatimajonikastet, seejärel kihiti seente, avokaadoviilude, peedi- ja õunasalaga.
h) Määrige veel tomatimajonikastet teisele köögiviljaburgerile, seejärel asetage see burgeri peale ja lõpetage kastmega pool allapoole.
i) Kaunista burgeri peal keedetud sibulaviilude ja kornišonidega.
j) Sisestage vardas, et see puutumata jääks.

76. Chipotle Cheddar Quesadilla

KOOSTISOSAD:

- Tortillad
- 2 tassi kodujuustu
- 2 tassi Cheddari juustu
- 1 paprika
- 1 tass Portobello seeni
- 2-3 spl Chipotle maitseainet
- Mahe salsa, dippimiseks

JUHISED:

a) Lisage paprika (viilutatud, punane) ja seened (viilutatud) keskmisel kuumusel suurele grillpannile.

b) Küpseta umbes 10 minutit, kuni see on pehme. Eemaldage ja viige kaussi (keskmine). Kõrvale panema.

c) Lisa väikeses kausis chipotle maitseaine ja kodujuust. Segage segamiseks hästi.

d) Aseta tortillad grillpannile ja vala tortilladele köögiviljasegu.

e) Puista peale kodujuustu segu ja seejärel kasuta peale cheddari juustu (rebitud).

f) Aseta täidise peale veel üks tortilla.

g) Küpseta umbes 2 minutit, seejärel keera ümber ja jätka küpsetamist veel üks minut.

h) Korrake protsessi ülejäänud tortillade ja täidisega.

i) Serveeri kohe koos salsaga (mahe).

77. Bulgur-läätsede juurviljapatty

KOOSTISOSAD:
- 2 tassi keedetud läätsi
- 1 tass suitsutatud portobello seeni,
- 1 tass Bulgur nisu
- 2 röstitud küüslauguküünt,
- 1 spl Worcestershire
- 2 supilusikatäit pähkliõli
- ¼ teelusikatäit estragonit, hakitud
- Sool ja pipar maitse järgi

JUHISED:
a) Valmistage ette puu- või söegrill ja laske sellel süttida.
b) Püreesta läätsed segistikausis ühtlaseks massiks.
c) Lisage kõik ülejäänud koostisosad ja segage, kuni see on põhjalikult segunenud.
d) Tõsta vähemalt 2 tunniks külmkappi. Vormi burgerid.
e) Pintselda burgereid oliiviõliga ja grilli 6 minutit mõlemalt poolt või kuni need on valmis.
f) Serveeri kuumalt koos oma lemmikmaitseainetega.

78. Taimetoitlaste seenepakendid Pestoga

KOOSTISOSAD:
- 1 tortilla wrap
- 1 suur portobello seeni või 1,5 väiksemat
- 1 tl palsamiäädikat
- oliiviõli, toiduvalmistamiseks
- 1 spl majoneesi
- 1 spl pestot
- 2 küüslauguküünt, hakitud
- 1 peotäis beebispinatit
- 3 kirsstomatit, neljaks lõigatud
- 2 spl fetat, purustatud
- ¼ avokaadot, viilutatud või kuubikuteks lõigatud
- 4-6 õhukest viilu punast sibulat

JUHISED:

e) Valmistage seened. Nirista neile palsamiäädikat, lisa küüslauk ja sega ühtlaseks.

f) Tõsta ülejäänud mähise valmistamise ajaks kõrvale.

g) Määri wrapile majonees ja pesto.

h) Nüüd küpseta oma seeni. Kuumuta pannil veidi õli ja prae mõlemalt poolt, kuni see on hästi pruunistunud ja kahanenud, vajutades aeg-ajalt spaatliga alla, et vedelik välja eralduks.

i) Kui olete valmis, lisage see otse ümbrise ülaosale.

j) Keera tortilla rulli, sulgedes selle otsad, ja lõika pooleks. Serveeri.

79. Seitan Burritos

KOOSTISOSAD:
- Küüslauk; kuubikuteks lõigatud
- Sibul; viilutatud
- 2 tohutut Portobello seeni; viilutatud
- Fajita stiilis seitan
- Kaneel
- Köömned
- Tšilli pulber
- Tortilla
- Vähendatud rasvasisaldusega vegan Cheddari juust

JUHISED:
a) Viiluta mõned sibulad ja pane pannile praadima. Lisa kaks suurt Portobello seeni. Seejärel lisage seitani viilud. Lisa veidi kaneeli, köömneid ja tšillipulbrit.
b) Kuumus tortilla pehmeks mittenakkuval pannil, puista peale VÄGA väike kogus vähendatud rasvasisaldusega cheddari juustu, tõsta taldrikule ja lusikaga sisse seeni seitan segu ja voldi üles nagu burrito.

80. Rõõmsad Portobello burgerid

KOOSTISOSAD:
- ½ spl kookosõli
- 1 tl pune
- 2 Portobello seenekübarat
- 1 küüslauguküüs
- soola
- Must pipar
- 1 spl Dijoni sinepit
- ¼ tassi cheddari juustu
- 6 untsi veiseliha/piisonit

JUHISED:
a) Kuumuta praepann ning sega kausis vürtsid ja õli.
b) Eemaldage seentelt lõpused ja asetage marinaadi, kuni see on vajalik.
c) Lisage teises kausis veiseliha, juust, sool, sinep ja pipar ning segage segu; vormi pätsiks.
d) Asetage marineeritud mütsid grillile ja küpsetage 8 minutit, kuni need on täielikult kuumened. Aseta kotlet grillile ja küpseta mõlemalt poolt 5 minutit.
e) Võtke grillilt kuklid ja lisage burger ja kõik muud teie valitud lisandid.
f) Serveeri.

81. Portobello Po'Poisid

KOOSTISOSAD:
- 3 supilusikatäit oliiviõli
- 4 Portobello seenekübarat, kergelt loputatud, kuivaks patsutatud ja 1-tollisteks tükkideks lõigatud
- 1 tl Cajuni maitseainet
- Sool ja värskelt jahvatatud must pipar
- ¼ tassi vegan majoneesi
- 4 krõbedat võileivarulli, poolitatud horisontaalselt
- 4 viilu küpset tomatit
- 1 ½ tassi hakitud rooma salatit
- Tabasco kaste

JUHISED:
a) Kuumuta suurel pannil õli keskmisel kuumusel. Lisa seened ja küpseta, kuni need on pruunistunud ja pehmenenud, umbes 8 minutit.
b) Maitsesta Cajuni maitseainega ning maitse järgi soola ja pipraga. Kõrvale panema.
c) Määri iga rulli lõigatud külgedele majoneesi.
d) Aseta iga rulli põhjale tomativiil, peale riivitud salat. Aseta peale seenetükid, puista maitse järgi Tabascot, tõsta peale teine pool rullist ja serveeri.

SUPID

82. Portobello seenesupp

KOOSTISOSAD:

- 300 ml ühekordset kreemi
- 1 liiter piima
- 200 ml külma vett
- 1 suur sibul, tükeldatud
- 50 g võid
- soola
- 250g portobello seeni, peeneks viilutatud
- 100g nööpeseeni, peeneks viilutatud
- 50 ml tumedat magusat madeira veini
- 4 loorberilehte
- 200 ml topeltkoort
- Must pipar
- 6 väikest loorberilehte, serveerimiseks

JUHISED:

a) Kuumuta koor, piim ja vesi suures kastrulis aeglaselt keema.

b) Samal ajal higista sibul aeglaselt teises potis või, 2 loorberilehe ja soolaga. Kui sibul on läbipaistev, lisa seened ja kuumuta kõrgemal kuumusel, kuni niiskus küpseb. Lisa madeira vein ja vahusta kleepuv glasuur.

c) Valage keev kooresegu, segage hästi ja laske uuesti keema tõusta. Küpseta mitte rohkem kui 5 minutit, eemalda lehed ja sega seejärel ühtlaseks.

d) Kui olete loorberilehtedega topeltkreemi üleöö infundeerinud, eemaldage see enne kreemi vahustamist heledaks Chantillyks – see peaks paksenema ja lusika pealt pahameelega maha kukkuma. Muidu vispelda sisse rebitud loorberilehed.

e) Serveeri suppi lusikatäie topeltkoore, pipra ja väikese loorberilehega.

83.Kana ja seenesupp metsiku riisiga

KOOSTISOSAD:
- 1,5 naela värskeid seeni Kasutasin orgaanilist shiitake ja baby portobellot
- 1 nael keedetud ja tükeldatud kana
- 8 C. kana luu puljong või puljong
- 1 C. kuubikuteks lõigatud porgandid
- 1 C. seller kuubikuteks
- 1 C. kuubikuteks lõigatud valge sibul
- 1 C. loodusliku päritoluga riisi segu
- 1 C. raske koor
- 6 untsi toorjuust pehmeks
- 5 küüslauguküünt hakitud
- 2 spl. rohuvõi
- 2 tl orgaanilist kanapõhi
- 3 tilka musta pipra eeterlikku õli
- 2 tilka tüümiani eeterlikku õli
- 2 tilka peterselli eeterlikku õli
- Soola maitse järgi

JUHISED:
a) Pane porgandid, seller, küüslauk ja sibul võiga potti ja kata kaanega.
b) Prae tasasel tulel pehmeks. Lisa seened ja sega ühtlaseks.
c) Kata kaanega 5 minutit ja lase seentel mahl välja lasta.
d) Avage kaas ja laske vedelikul poole võrra väheneda. Lisa kanapuljong (või puljong), kanapõhi ja riis. köögiviljade hautamine puljongis
e) Koguge ja laske madalal kuumusel 40-50 minutit podiseda.
f) Supi küpsemise ajal sega väikeses kausis kokku pehme toorjuust ja eeterlikud õlid. Lisa paar lusikatäit pannilt kuuma vedelikku toorjuustusegu hulka. Segage.
g) Tõsta pott tulelt ja klopi potti nii toorjuustusegu kui ka koor, kuni need on täielikult segunenud ja ühtlased. Lisa kana.
h) Tõsta supp tagasi tulele, kuni see hakkab keema.
i) Tõsta tulelt ja serveeri.

84. Kreem või Portobello supp

KOOSTISOSAD:
- 1/2 naela värskeid shiitake seeni
- 1/2 naela beebi portobello seeni
- 1 keskmine sibul, hakitud
- 1 keskmine porgand, tükeldatud
- 1 spl oliiviõli
- 1 supilusikatäis pluss 1/2 tassi võid, jagatud
- 5 tassi vett
- 1 värske tüümiani oksake
- 1-1/4 tl soola, jagatud
- 3/4 tl jämedalt jahvatatud pipart, jagatud
- 2 tassi hakitud porrulauku (ainult valge osa)
- 1/4 tassi universaalset jahu
- 1 tass valget veini või kanapuljongit
- 1 tl hakitud värsket tüümiani
- 1 tass rasket vahukoort
- 1 tass pool ja pool koort
- 1/2 tassi hakitud värsket peterselli

JUHISED:
a) Eemalda seente varred ja haki jämedalt. Lõika seenemütsid 1/4-tollisteks tükkideks. viilud. Kõrvale panema.

b) Prae seenevarred, porgand ja sibul suures kastrulis keskmisel kuumusel õlis ja 1 spl võis pehmeks. Segage vesi, 1/4 tl pipart, 1/2 tl soola ja tüümianioksake. Keeda, alanda kuumust ja hauta umbes 30 minutit ilma kaaneta. Filtreerige puljong, visake maitseained ära ja

c) köögiviljad. Pange 4-1/2 tassi puljongit kõrvale.

d) Küpseta porrulauku madalal kuumusel ülejäänud võis Hollandi ahjus, kuni see hakkab pruunistuma, umbes 25–30 minutit, aeg-ajalt segades. Sega sisse seenekübarad; küpseta, kuni see on pehmenenud, umbes 10 minutit rohkem.

e) Seejärel segage jahu, kuni see on hästi segunenud; lisa veini järk-järgult. Segage reserveeritud seenepuljong, pipar, ülejäänud sool ja tüümian.

f) Lase keema tõusta; küpseta ja sega kuni paksenemiseni, umbes 2 minutit. Seejärel segage petersell ja kreemid; kuumuta läbi (ära keeda).

85. Röstitud küüslaugu ja portobello seenesupp

KOOSTISOSAD:
- 6 suurt portobello seeni, viilutatud
- 1 pea küüslauk, röstitud
- 1 sibul, hakitud
- 4 tassi köögivilja- või kanapuljongit
- 2 spl oliiviõli
- 1 tass piima või koort
- Sool ja pipar maitse järgi
- Kaunistuseks värske petersell

JUHISED:
a) Kuumuta ahi temperatuurini 400 °F (200 °C).
b) Aseta viilutatud portobello seened ahjuplaadile, nirista peale oliiviõli ja rösti 20 minutit.
c) Pigista peast röstitud küüslauguküüned.
d) Prae potis sibul läbipaistvaks. Lisa röstitud seened ja küüslauk.
e) Vala puljong ja lase keema tõusta. Küpseta 15-20 minutit.
f) Kasutage supi püreestamiseks blenderit.
g) Sega juurde piim või koor, maitsesta soola ja pipraga ning hauta veel 5 minutit.
h) Enne serveerimist kaunista värske peterselliga.

86.Ürdilisandiga Portobello seenesupp

KOOSTISOSAD:
- 6 suurt portobello seeni, tükeldatud
- 1 porru, viilutatud
- 2 porgandit, tükeldatud
- 4 tassi köögivilja- või kanapuljongit
- 1 tl kuivatatud tüümiani
- 1 tl kuivatatud rosmariini
- 1 loorberileht
- 2 spl oliiviõli
- Sool ja pipar maitse järgi
- Kaunistuseks värske murulauk

JUHISED:
a) Pruunista potis oliiviõlis porrulauk ja porgand pehmeks.
b) Lisa tükeldatud portobello seened ja küpseta 5 minutit.
c) Vala puljong ja lisa kuivatatud tüümian, rosmariin ja loorberileht. Lase keema tõusta ja keeda 15-20 minutit.
d) Maitsesta soola ja pipraga maitse järgi.
e) Eemalda loorberileht ja kasuta supi püreestamiseks blenderit.
f) Enne serveerimist kaunista värske murulauguga.

87. Karrieeritud Portobello seenesupp

KOOSTISOSAD:
- 6 suurt portobello seeni, viilutatud
- 1 sibul, hakitud
- 2 küüslauguküünt, hakitud
- 1 spl karripulbrit
- 4 tassi köögivilja- või kanapuljongit
- 1 purk (14 untsi) kookospiima
- 2 spl oliiviõli
- Sool ja pipar maitse järgi
- Kaunistuseks värske koriander

JUHISED:
a) Prae potis oliiviõlis sibul ja küüslauk läbipaistvaks.
b) Lisa viilutatud portobello seened ja karripulber, küpseta 5 minutit.
c) Vala sisse puljong ja kookospiim. Lase keema tõusta ja keeda 15-20 minutit.
d) Maitsesta soola ja pipraga maitse järgi.
e) Kasutage supi püreestamiseks blenderit.
f) Enne serveerimist kaunista värske koriandriga.

88. Metsiku riisi ja Portobello seenesupp

KOOSTISOSAD:
- 6 suurt portobello seeni, kuubikuteks
- 1 tass keedetud riisi
- 1 sibul, peeneks hakitud
- 3 porgandit, tükeldatud
- 4 tassi köögivilja- või kanapuljongit
- 2 spl oliiviõli
- 1 tass piima või koort
- Sool ja pipar maitse järgi
- Kaunistuseks värske petersell

JUHISED:
a) Prae potis oliiviõlis sibul ja porgand pehmeks.
b) Lisa kuubikuteks lõigatud portobello seened ja küpseta 5 minutit.
c) Vala puljong ja lase keema tõusta. Küpseta 15-20 minutit.
d) Sega juurde keedetud metsik riis ja piim või koor.
e) Maitsesta soola ja pipraga maitse järgi.
f) Hauta veel 10 minutit.
g) Enne serveerimist kaunista värske peterselliga.

89. Lihtne Portobell või supp

KOOSTISOSAD:
- 6 suurt portobello seeni, tükeldatud
- 1 sibul, peeneks hakitud
- 3 küüslauguküünt, hakitud
- 4 tassi köögivilja- või kanapuljongit
- 1 tass rasket koort
- 2 spl võid
- Sool ja pipar maitse järgi
- Kaunistuseks värske tüümian

JUHISED:
a) Suures potis sulata keskmisel kuumusel või.
b) Lisa sibul ja küüslauk, prae pehmeks.
c) Lisa tükeldatud portobello seened ja küpseta, kuni need vabastavad niiskuse.
d) Vala puljong ja lase keema tõusta. Lase 15-20 minutit küpseda.
e) Püreesta supp saumikseri abil ühtlaseks.
f) Sega juurde koor ning maitsesta soola ja pipraga.
g) Hauta veel 5 minutit.
h) Enne serveerimist kaunista värske tüümianiga.

90. Läätse ja Portobello supp

KOOSTISOSAD:
- 6 suurt portobello seeni, viilutatud
- 1 tass kuivatatud läätsi, loputatud ja nõrutatud
- 1 sibul, hakitud
- 3 küüslauguküünt, hakitud
- 4 tassi köögiviljapuljongit
- 1 purk (14 untsi) kuubikuteks lõigatud tomateid
- 2 spl oliiviõli
- 1 tl jahvatatud köömneid
- Sool ja pipar maitse järgi
- Kaunistuseks värske koriander

JUHISED:
a) Prae potis oliiviõlis sibul ja küüslauk läbipaistvaks.
b) Lisa viilutatud portobello seened ja küpseta 5 minutit.
c) Sega juurde kuivatatud läätsed, köögiviljapuljong, kuubikuteks lõigatud tomatid ja jahvatatud köömned.
d) Kuumuta keemiseni, seejärel alanda kuumust ja hauta 25-30 minutit või kuni läätsed on pehmed.
e) Maitsesta soola ja pipraga maitse järgi.
f) Enne serveerimist kaunista värske koriandriga.

91. Küüslaugu ja parmesani portobello supp

KOOSTISOSAD:
- 6 suurt portobello seeni, tükeldatud
- 1 sibul, peeneks hakitud
- 4 küüslauguküünt, hakitud
- 4 tassi köögivilja- või kanapuljongit
- 1 tass riivitud parmesani juustu
- 1 tass rasket koort
- 3 supilusikatäit võid
- Sool ja pipar maitse järgi
- Kaunistuseks värske tüümian

JUHISED:
a) Sulata potis või keskmisel kuumusel. Lisa sibul ja küüslauk, prae pehmeks.
b) Lisa tükeldatud portobello seened ja küpseta, kuni need vabastavad niiskuse.
c) Vala puljong ja lase keema tõusta. Küpseta 15-20 minutit.
d) Püreesta supp saumikseri abil ühtlaseks.
e) Sega juurde parmesani juust ja koor.
f) Maitsesta soola ja pipraga maitse järgi.
g) Hauta veel 5 minutit.
h) Enne serveerimist kaunista värske tüümianiga.

92. Portobello seenetortillasupp

KOOSTISOSAD:

- 6 suurt portobello seeni, viilutatud
- 1 sibul, hakitud
- 2 küüslauguküünt, hakitud
- 1 purk (14 untsi) kuubikuteks lõigatud tomatid rohelise tšilliga
- 4 tassi köögivilja- või kanapuljongit
- 1 tass maisiterad
- 1 tl jahvatatud köömneid
- Kaunistuseks tortilla ribad
- Kaunistuseks avokaado viilud
- Kaunistuseks värske koriander

JUHISED:

a) Prae potis sibul ja küüslauk läbipaistvaks.
b) Lisa viilutatud portobello seened ja küpseta 5 minutit.
c) Segage kuubikuteks lõigatud tomatid rohelise tšilli, köögiviljapuljongi, maisi ja jahvatatud köömnetega.
d) Lase keema tõusta ja keeda 15-20 minutit.
e) Maitsesta soola ja pipraga maitse järgi.
f) Serveerige suppi tortilla ribade, avokaado viilude ja värske koriandriga.

SALATID

93. Grillitud Portobello seenesalat

KOOSTISOSAD:
- 4 suurt portobello seeni, puhastatud ja varred
- 2 spl oliiviõli
- Sool ja must pipar maitse järgi
- 4 tassi segatud salatirohelist
- 1 tass kirsstomateid, poolitatud
- 1/2 punast sibulat, õhukeselt viilutatud
- 1/4 tassi fetajuustu, purustatud
- Balsamico vinegreti kaste

JUHISED:
a) Eelkuumuta grill või grillpann keskmisel-kõrgel kuumusel.
b) Pintselda portobello seened oliiviõliga ning maitsesta soola ja pipraga.
c) Grilli seeni 4-5 minutit mõlemalt poolt, kuni need on pehmed.
d) Tükelda grillitud seened.
e) Sega suures kausis segatud salatirohelised, kirsstomatid, viilutatud punane sibul ja grillitud portobello viilud.
f) Puista salatile murendatud fetajuust.
g) Nirista peale balsamico vinegreti kaste.
h) Segage salat õrnalt, et kõik koostisosad seguneksid.
i) Serveeri kohe.

94. Portobello ja Quinoa salat

KOOSTISOSAD:
- 4 suurt portobello seent, viilutatud
- 1 tass kinoa, keedetud
- 1 kurk, tükeldatud
- 1 paprika (mis tahes värvi), kuubikuteks
- 1/4 tassi värsket peterselli, hakitud
- 1/4 tassi fetajuustu, purustatud
- Sidruni-ürdi kaste

JUHISED:
a) Prae pannil portobello seente viilud pehmeks.
b) Segage suures kausis keedetud kinoa, praetud seened, kuubikuteks lõigatud kurk, tükeldatud paprika ja hakitud petersell.
c) Puista salatile murendatud fetajuust.
d) Nirista peale sidruni-ürdikastmega.
e) Segage salat õrnalt, et koostisosad seguneksid.
f) Serveeri jahutatult.

95. Spinati ja Portobello seenesalat

KOOSTISOSAD:
- 4 suurt portobello seent, viilutatud
- 6 tassi beebispinatit
- 4 viilu peekonit, keedetud ja murendatud
- 1/4 tassi punast sibulat, õhukeselt viilutatud
- 1/4 tassi kreeka pähkleid, röstitud
- Soe peekonikaste

JUHISED:
a) Prae pannil portobello seene viile, kuni need vabastavad niiskuse.
b) Segage suures salatikausis beebispinat, praetud seened, purustatud peekon, viilutatud punane sibul ja röstitud kreeka pähklid.
c) Nirista salatile peale soe peekonikaste.
d) Segage salat õrnalt, et kõik koostisosad seguneksid.
e) Serveeri kohe.

96. Caprese Portobello seenesalat

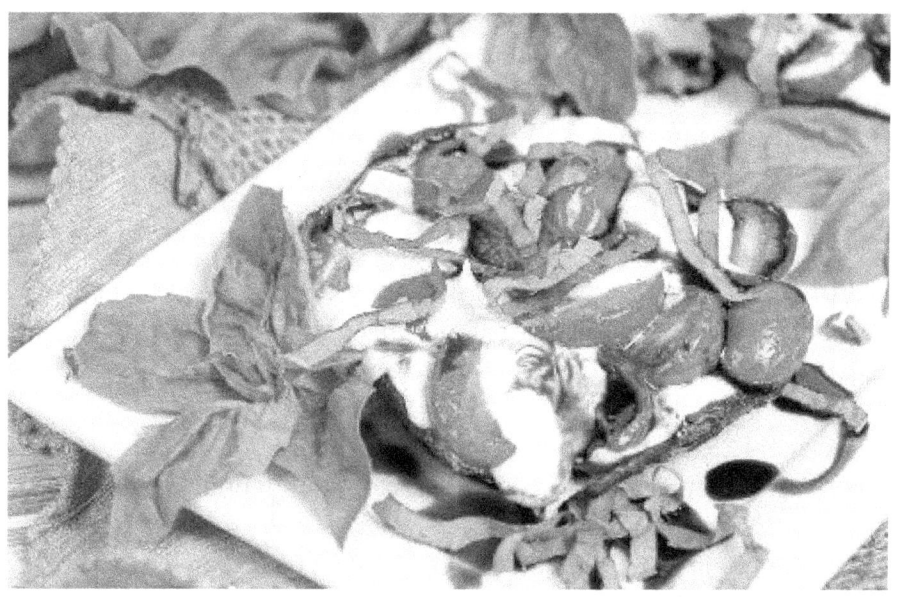

KOOSTISOSAD:
- 4 suurt portobello seent, puhastatud ja varrega
- 1 tass kirsstomateid, poolitatud
- 1 pall värsket mozzarellat, viilutatud
- Värsked basiiliku lehed
- Balsamico glasuur
- Oliiviõli
- Sool ja must pipar maitse järgi

JUHISED:
a) Kuumuta ahi temperatuurini 375 °F (190 °C).
b) Tõsta portobello seened ahjuplaadile, nirista peale oliiviõli ning maitsesta soola ja pipraga.
c) Rösti seeni 15-20 minutit, kuni need on pehmed.
d) Laota serveerimisvaagnale röstitud portobello seened, kirsstomatid ja värsked mozzarellaviilud.
e) Tõsta seene- ja tomativiilude vahele värskeid basiilikulehti.
f) Nirista peale balsamico glasuur.
g) Serveeri toatemperatuuril.

97. Vahemere Portobello seenesalat

KOOSTISOSAD:
- 4 suurt portobello seent, viilutatud
- 1 tass kirsstomateid, poolitatud
- 1 kurk, tükeldatud
- 1/2 punast sibulat, õhukeselt viilutatud
- 1/2 tassi Kalamata oliive, viilutatud
- 1/2 tassi fetajuustu, purustatud
- Värske pune, tükeldatud
- Kreeka kaste

JUHISED:
a) Prae pannil portobello seente viilud pehmeks.
b) Segage suures kausis kirsstomatid, tükeldatud kurk, viilutatud punane sibul, Kalamata oliivid ja praetud seened.
c) Puista salatile murendatud fetajuust.
d) Lisa hakitud värske pune.
e) Nirista üle Kreeka kastmega.
f) Segage salat õrnalt läbi.
g) Serveeri jahutatult.

98. Aasia portobello seente nuudlisalat

KOOSTISOSAD:
- 4 suurt portobello seent, viilutatud
- 8 untsi riisinuudlid, keedetud ja jahutatud
- 1 paprika (mis tahes värvi), julieneeritud
- 1 porgand, julieneeritud
- 1/2 tassi lumeherneid, viilutatud
- 1/4 tassi rohelist sibulat, viilutatud
- Kaunistuseks seesamiseemned
- Soja-ingveri kaste

JUHISED:
a) Prae pannil portobello seene viile, kuni need vabastavad niiskuse.
b) Segage suures kausis keedetud riisinuudlid, paprika, julieneeritud porgand, viilutatud lumeherned ja praetud seened.
c) Lisa viilutatud roheline sibul.
d) Nirista üle soja-ingveri kastmega.
e) Segage salat õrnalt läbi.
f) Kaunista seesamiseemnetega.
g) Serveeri jahutatult.

99. Soe portobello ja kitsejuustu salat

KOOSTISOSAD:
- 4 suurt portobello seent, viilutatud
- 6 tassi rukolat
- 1/2 tassi kirsstomateid, poolitatud
- 1/4 tassi piiniaseemneid, röstitud
- 4 untsi kitsejuustu, purustatud
- Balsami vähendamine
- Oliiviõli
- Sool ja must pipar maitse järgi

JUHISED:
a) Prae pannil portobello seente viilud pehmeks.
b) Segage suures salatikausis rukola, kirsstomatid, röstitud piiniapähklid ja praetud seened.
c) Murenda salati peale kitsejuust.
d) Nirista peale balsamico reduktsiooni ja oliiviõli.
e) Maitsesta soola ja pipraga.
f) Segage salat õrnalt läbi.
g) Serveeri kohe.

100.Edela Quinoa ja Portobello salat

KOOSTISOSAD:
- 4 suurt portobello seeni, kuubikuteks
- 1 tass keedetud kinoat, jahutatud
- 1 purk (15 untsi) musti ube, loputatud ja nõrutatud
- 1 tass maisiterad, värsked või külmutatud
- 1 punane paprika, tükeldatud
- 1/4 tassi koriandrit, tükeldatud
- Laimi vinegrett
- Kaunistuseks avokaado viilud

JUHISED:
a) Prae pannil kuubikuteks lõigatud portobello seeni, kuni need vabastavad niiskuse.
b) Segage suures kausis keedetud kinoa, mustad oad, mais, kuubikuteks lõigatud punane paprika ja praetud seened.
c) Lisa hakitud koriander.
d) Nirista peale laimivinegretti.
e) Segage salat õrnalt läbi.
f) Kaunista avokaadoviiludega.
g) Serveeri jahutatult.

KOKKUVÕTE

Kui lõpetame oma gurmeesseikluse saates "Portobello seene armastuse eest", loodame, et olete kogenud rõõmu oma kulinaarsest loomingust koos seente kuningaga. Iga retsept nendel lehtedel tähistab jõulist umamit, lihavat tekstuuri ja mitmekülgsust, mille Portobello seened teie toidulauale toovad – see annab tunnistust gurmeevõimalustest, mis peituvad selles seenekuningriigis.

Olenemata sellest, kas olete nautinud grillitud Portobello steikide lihtsust, täidisega mütside loovust või seentest inspireeritud roogade sügavusi, usume, et need retseptid on sütitanud teie kire gurmeekootmise vastu. Lisaks koostisosadele ja tehnikatele saab Portobello seente armastusest valmistatud toiduvalmistamise kontseptsioon inspiratsiooni, loovuse ja maitsva teekonna allikaks seente maailma.

Kui jätkate seentekuninga kulinaarse potentsiaali uurimist, võib "Portobello seene armastuse eest" olla teie usaldusväärne kaaslane, kes juhatab teid läbi erinevate gurmeevalikute, mis näitavad Portobello rikkust ja mitmekülgsust. Siin saate maitsta maalähedast ja lihavat headust, luua kulinaarseid meistriteoseid ja tähistada armastust seente kuninga vastu. Head isu!

www.ingramcontent.com/pod-product-compliance
Lightning Source LLC
Chambersburg PA
CBHW070350120526
44590CB00014B/1082